- *Deset pošasti* -

Život
neposluha
i
Život
poslušnosti

Dr. Jaerock Lee

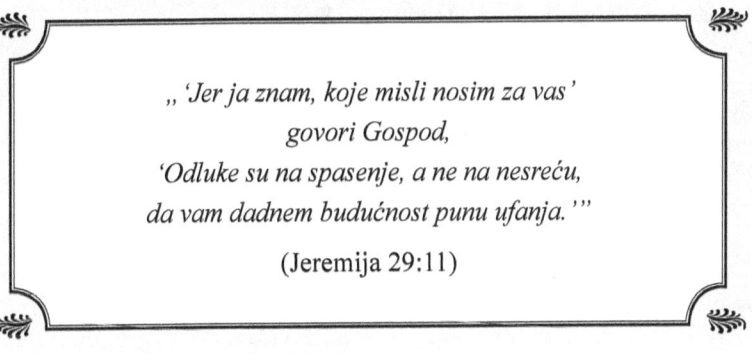

„ *'Jer ja znam, koje misli nosim za vas'*
govori Gospod,
'Odluke su na spasenje, a ne na nesreću,
da vam dadnem budućnost punu ufanja.'"
(Jeremija 29:11)

Život neposluha i Život poslušnosti – Dr. Jaerock Lee
Nakladnik: Urim Books (Predstavnik: Sungnam Vin)
73, Yeouidaebang-ro 22-gil, Dongjak-gu, Seul, Korea
www.urimbooks.com

Sva prava pridržana. Ni ova knjiga, niti njezini dijelovi ne smiju se reproducirati niti u bilo kojem obliku, pohranjivati na računalni sustav elektroničkim, mehaničkim putom, fotokopiranjem, bez prethodnog pisanog odobrenja izdavača.

Osim ako nije drukčije naznačeno, svi citati iz Svetog pisma preuzeti su iz Biblije Kršćanske sadašnjosti, Zagreb, 2008. ®, autorska prava © prvo izdanje u vlastitoj nakladi izdavača Kršćanska sadašnjost, Zagreb, 2008. Odobreno korištenje. Korišteno s dopuštenjem.

Copyright © 2020. Dr. Jaerock Lee
ISBN: 979-11-263-0555-1 03230
Autorska prava na prijevod © 2015. Dr. Esther K. Chung korišteno s dopuštenjem.

Prethodno na korejskom objavio 2007. Urim Books

Prvi put objavljeno u veljača 2020.

Urednica: Dr. Geumsun Vin
Dizajn: Urim Books
Tisak: Prione Printing
Za više informacija obratite nam se na: urimbook@hotmail.com

Prolog

Građanski rat u Sjedinjenim Američkim Državama je došao do vrhunca kada je 16. predsjednik, Abraham Lincoln, proglasio dan postne molitve 30. travnja 1863.

„Današnje strašne katastrofe mogu biti kazna za grijehe naših očeva. Bili smo previše ponosni zbog našeg uspjeha i bogatstva. Bili smo tako ponosni da smo se zaboravili moliti Bogu koji nas je stvorio. Moramo ispovjediti grijehe nacije i zatražiti Božju milost i naklonost sa našim skromnim stavom. To je dužnost građana Sjedinjenih Američkih Država."

Kao što je veliki vođa preporučio, mnogi Amerikanci nisu jeli jedan dan i nudili su postnu molitvu.

Lincoln se ponizno molio Bog i spasio Sjedinjene Američke Države od raspada. Zapravo, mi možemo naći odgovore na sve probleme u Bogu.

Evanđelje su propovijedali mnogi propovjednici kroz stoljeća, ali mnogi ljudi ne slušaju riječi Boga, govoreći da će oni rađe vjerovati u sebe.

Danas, postoje neobične temperaturne promjene i prirodne katastrofe koje se događaju svuda po svijetu. Čak i sa razvojem medicine, postoje nove bolesti koje su otporne na tretmane i postaju još više zarazne.

Ljudi mogu imati samopouzdanja u sebe. Ljudi se mogu udaljiti od Boga, ali kada pogledamo u njihove živote, mi ne možemo pričati o tome bez spominjanja riječi kao anksioznost, bol, siromaštvo i bolest.

U jedan dan osoba može izgubiti svoje zdravlje. Neki ljudi izgube svoje voljene članove obitelji ili izgube svoje bogatstvo zbog nesreće. Drugi mogu imati mnoge poteškoće u svojem poslu ili na radnom mjestu.

Oni mogu zavapiti, „Zašto se te stvari moraju meni događati?" Ali, oni ne znaju put iz toga. Mnogi vjernici pate od iskušenja i testova i ne znaju put van.

Ali, sve ima svoj uzrok. Svi problemi i poteškoće također imaju svoj uzrok.

Deset pošasti koje su pogodile Egipat i pravila Pashe koja su zapisana u Knjizi Izlaska daju indicije za riješenje svih vrsta problema sa kojima se svo čovječanstvo susreće na licu zemlje danas.

Egipat se duhovno odnosi na svijet i lekcije Deset pošasti na Egipat se odnosi na svakog na svijetu čak i danas. Ali volju Boga koja je sadržana u Deset pošasti ne shvaća mnogo ljudi.

Pošto Biblija ne kaže da je to „Deset pošasti," neki ljudi kažu da je to jedanaest ili čak dvanaest pošasti.

Ta druga opcija uključuje slučaj pretvorbe Aaronovog štapa u zmiju. Ali nije bilo nikakve štete prouzrokovane viđenjem zmije, pa u tom smislu, teško je to uključiti kao jednu od pošasti.

Ali zbog toga što zmija u divljini ima jako snažan otrov koji je dovoljan da ubije bilo koju osobu sa jednim ugrizom, netko se može osjećati ugrožen kada samo vidi zmiju. Zbog toga neki ljudi to uključuju kao jednu od pošasti.

Druga opcija uključuje slučaj pretvaranja štapa u zmiju i

također smrt Egipatskih vojnika u Crvenom moru. Pošto ljudi Izraela još nisu prešli Crveno more u tom trenutku, oni uključuju taj događaj i govore da je bilo dvanaest pošasti. Ali važna stvar nije broj pošasti nego duhovno značenje i providnost Boga koja je sadržana u njima.

U ovoj knjizi su prikazane, u kontrastu, život faraona, koji nije poslušao riječ Boga i život Mojsija koji je vodio život poslušnosti. Također sadrži ljubav Boga koji nam sa Svojim neograničenim suosjećanjem dopušta da znamo put spasenja kroz slavljenje Pashe, zakon o obrezivanju i značenje Gozbe beskvasnog bruha.

Faraon je svjedočio moći Boga ali Ga svejedno nije poslušao. Ali Izraelci su bili sigurni od svih katastrofa jer su poslušali.

Razlog zašto nam Bog govori o Deset pošasti je da shvatimo zašto iskušenja i testovi dolaze na nas, tako da mi možemo riješiti sve probleme života i voditi život oslobođen svih katastrofa.

Nadalje, govoreći nam o blagoslovima koje će doći na nas ako poslušamo, On želi da mi posjedujemo nebesko kraljevstvo kao

Njegova djeca.

Oni koji pročitaju ovu knjigu će moći naći ključeve rješavanja problema života. Oni će osjetiti gašenje žeđi duha kao da osjete slatku kišu nakon dugačke suše i biti će vođeni na put odgovora i blagoslova.

Zahvaljujem se Geumsun Vin, direktorici uredništva i radnicima koji su omogućili izdavanju ove knjige. Molim se u ime Gospoda Isusa Krista da će svi voditi život poslušnosti tako da će moći primiti veličanstvenu ljubav i blagoslove Boga.

Srpanj 2007.

Jaerock Lee

Sadržaj

Prolog

O životu neposluha · 1

Poglavlje 1
Deset pošasti nanesenih Egiptu · 3

Poglavlje 2
Život neposluha i pošasti · 19

Poglavlje 3
Pošasti krvi, žaba i komaraca · 31

Poglavlje 4
Pošasti muha, kuge i čireva · 47

Poglavlje 5
Pošasti tuče i skakavaca · 63

Poglavlje 6
Pošasti tame i smrti prvorođenaca · 75

O životu poslušnosti · **87**

Poglavlje 7
Pasha i put spasenja · **89**

Poglavlje 8
Obrezivanje i sveta pričest · **103**

Poglavlje 9
Izlazak i gozba beskvasnog kruha · **117**

Poglavlje 10
Život poslušnosti i blagoslovi · **129**

O životu
neposluha

Ali ako
ne slušaš Gospoda, Boga svojega,
i točno ne držiš svih njegovih zapovijedi i naredaba
i naredaba, što ti ih dajem danas,
onda će doći na te sva ova prokletstva
i stignut će te:
„Proklet ćeš biti u gradu,
proklet u polju.
Prokleta će biti žetvena košara tvoja i naćve tvoje.
Proklet će biti plod tijela tvojega,
plod njive tvoje,
mlad goveda tvojih i ovaca tvojih.
Proklet ćeš biti, kada dolaziš,
i proklet, kada odlaziš."
(Ponovljeni zakon 28:15-19)

Poglavlje 1

Deset pošasti nanesenih Egiptu

Izlazak 7:1-7

„A Gospod reče Mojsiju: 'Evo, učinit ću da budeš prema faraonu moćan kao Bog; a brat tvoj Aron bit će govornik tvoj.' Njemu kaži sve, što ti naložim; a brat tvoj Aron neka onda predloži faraonu, da pusti sinove Izraelove iz zemlje svoje. Ja ću ipak otvrditi srce faraonu i tako učiniti u zemlji egipatskoj mnoge znake i čudesa. Jer vas faraon neće poslušati, učinit ću, da Egipćani osjete moć moju, i izvest ću čete svoje, narod svoj, sinove Izraelove, iz zemlje egipatske uz velike dokaze moći svoje. Tada će Egipćani spoznati, da sam ja Gospod, kad pružim ruku svoju proti Egipćanima i sinove Izraelove izvedem iz njihove sredine." Mojsije i Aron učiniše točno tako, kako im bio zapovjedio Gospod. Mojsiju je bilo osamdeset godina, a Aronu osamdeset i tri godine, kad su pregovarali s faraonom.

Svatko ima pravo biti sretan, ali nema puno ljudi koji se zapravo osjećaju sretnim. Posebno u današnjem svijetu koji je tako pun različitih oblika nesreća, bolesti i kriminala teško je garantirati nečiju sreću.

Ali postoji netko tko želi da mi iskusimo sreću više od bilo koga drugog. To je naš Bog Otac koji nas je stvorio. U srcima većine roditelja je želja dati sve svojoj djeci, bezuvjetno, za njihovu sreću. Naš Bog nas voli puno više od bilo kojeg roditelja i On nas želi blagosloviti daleko više od bilo koje roditeljske želje.

Kako bi ovaj Bog ikako htio da Njegova djeca pate u mukama ili iskuse katastrofe? Ništa ne može biti dalje za Božju želju za nas.

Ako smo u mogućnosti shvatiti duhovno značenje i providnost Boga koja je sadržana u Deset pošasti koje su pale na Egipat, mi možemo razumjeti da je to također Njegova ljubav. Nadalje, mi možemo otkriti načine izbjegavanja katastrofa. Ali čak i u lice katastrofe mi možemo pronaći i može nam se pokazati izlaz i nastaviti putem blagoslova.

Kada smo suočeni sa poteškoćama, mnogi ljudi ne vjeruju u Njega, nego još progovaraju protiv Boga. Čak i među vjernicima postoje oni koji ne razumiju srce Boga kada se suoče sa poteškoćama. Oni samo izgube srce i padnu u očaj.

Job je bio najbogatiji čovjek na Istoku. Ali kad je katastrofa pala na njega, na početku on nije razumio volju Boga. On je govorio kao da je on očekivao da to što mu se dogodilo da mu se dogodi. To je izraženo u Jobu 2:10. On je govorio da pošto je primio blagoslove od Boga, postojala je šansa da bi on također mogao primiti nepogodu. Međutim, on je pogrešno shvaćao da Bog daje blagoslove i katastrofe bez uzroka i razloga.

Srce Boga za nas nije nikad propast nego mir. Prije nego uđemo u Deset pošasti koje su pale na Egipat, promislimo o situaciji i okolnostima u to vrijeme.

Nastajanje Izraelaca

Izrael je izabrani narod Boga. U njihovoj povijesti, mi možemo naći jako dobro providnost i volju Boga. Izrael je bilo ime koje je dano Jakobu, unuku Abrahama. Izrael znači, *„jer si se borio s Bogom i s ljudima i nadjačao si"* (Postanak 32:28).

Abrahamu se rodio Izak i Izak je imao sinove blizance. Oni su bili Ezav i Jakob. Bilo je neobično da je drugi sin, Jakob, držao se za petu svojeg brata Esaua kada su bili rođeni. Jakob je želio uzeti pravo prvorođenog umjesto svojeg starijeg brata Esaua.

Zato je Jakob kasnije kupio rodno pravo od Ezava sa nešto kruha i juhom od leće. On je također prevario svojeg oca, Izaka, da bi uzeo sve blagoslove prvog sina od Ezava.

Danas, ljudske misli su se jako promijenile i ljudi ostavljaju nasljedstvo ne samo svojim sinovima nego i za svoje kćeri. Ali u prošlosti, prvi sinovi su obično primili svo nasljedstvo od svojih očeva. U Izraelu je također blagoslov za prvog sina bio velik. Biblija nam govori da je Jakob uzeo blagoslov prvog sina na varljiv način, ali je on stvarno težio primiti blagoslove od Boga. Dok on zapravo nije primio blagoslove, on je morao proći kroz mnoge vrste poteškoća. On je morao pobjeći od svojeg brata. Služio je svojem ujaku, Labanu na dvadeset godina i dok mu je služio on se nosio s tim da ga je on često varao.

Kada se Jakob vratio u svoj rodni grad, on je bio u životnoj opasnosti jer je njegov brat još uvijek bio ljut na njega. Jako je morao prolaziti kroz te poteškoće jer je on imao lukavu narav koja traži svoju vlastitu korist.

Ali zbog toga što se on bojao Boga više od ostali, on je uništio svoj ego i „sebe" kroz to vrijeme iskušenja. Prema tome, on je konačno primio blagoslove od Boga i narod Izraela je oblikovan kroz njegovih dvanaest sinova.

Pozadina Izlaska i pojava Mojsija

Zašto su Izraelci živjeli kao robovi u Egiptu?

Jakob, otac Izraela, je pokazivao naklonost prema svojem jedanaestom sinu, Josipu. Josipa je rodila Rahela, žena koju je Jakob jako puno volio. To je prouzročilo zavist Josipove polubraće i konačno, Josipa su braća prodala u Egipat kao roba.

Josip se bojao Boga i djelovao sa integritetom. On je hodao sa Bogom u svemu i u samo trinaest godina od vremena kad je prodan u Egipat, on je postao vladar svega nakon kralja u svim zemljama Egipta.

Bila je tako ozbiljna suša u Bliskom Istoku i sa naklonosti Josipa, Jakob i njegova obitelj se preselila u Egipat. Jer je Egipat spašen od opasne suše kroz Josipovu mudrost, faraon i Egipćani su tretirali njegovu obitelj jako dobro i također su im dali zemlju Gošen.

Nakon što je mnogo generacija prošlo, Izraelci su prevladali u brojevima. Egipćani su se osjećali ugroženima. Jer je prošlo stotine godina od kad je Josip umro, oni su već zaboravili milost Josipa.

Nakon toga, Egipćani su počeli progoniti Izraelce i napravili su od njih svoje sluge. Izraelci su bili prisiljeni na težak rad.

Nadalje, da bi zaustavili rastući broj Izraelaca, faraon je naredio da Hebrejske primalje ubiju svu mušku novorođenčad.

Mojsije, vođa Izlaska, je rođen u to mračno doba.

Njegova je majka vidjela da je on prekrasan i skrivala ga tri mjeseca. Kada je došlo vrijeme da ga ona više nije mogla skrivati, ona ga je stavila u košaru od trske i postavila ga među šaš na obali Nila.

U to vrijeme, princeza Egipta je došla okupati se u Nilu. Ona je vidjela košaru i željela je uzeti i zadržati bebu. Mojsijeva je sestra promatrala što se dogodilo i brzo je predložila Jokebedu, pravu Mojsijevu majku, za primalju. Na taj način, Mojsija je odgajala njegova majka.

Prirodno, on je učio o Bogu Abrahama, Izaka i Jakova i o Izraelcima.

Odrastajući u palači faraona, Mojsije je dobio različite vrste znanja koje će ga pripremiti da bude vođa. U isto vrijeme je jasno učio o svojim ljudima i Bogu. Njegova ljubav i za Boga i za njegove ljude je također rasla.

Bog je izabrao Mojsija kao vođu Izlaska i od rođenja on je učio i prakticirao vodstvo i kontrolu.

Mojsije i faraon

Jedan dan, bila je prekretnica u Mojsijevom životu. On se uvijek brinuo o svojim ljudima, Hebrejima, i on se brinuo zbog njihove muke i patnje kao robovi. Jedan dan, on je vidio kako Egipćanin tuče Hebrejca. On više nije mogao suzdržavati svoj bijes i ubio je Egipčanina. Konačno je faraon čuo o tome i Mojsije je morao pobjeći pred njim.

Mojsije je morao provesti slijedećih četrdeset godina kao pastir brinući se o ovcama u Midiansim divljinama. Sve je to bila providnost Boga da bi ga pripremila kao vođu Izlaska. Tijekom 40 godina koje je proveo pazeći na ovdje svojeg punca, on se potpuno odrekao dostojanstva kao princ Egipta i postao je jako ponizna osoba.

Tek je nakon toga svega Bog pozvao Mojsija kao vođu Izlaska.

Tada upita Mojsije Boga: „Kako, ja zar da idem k faraonu i da izvedem sinove Izraelove iz Egipta?" (Izlazak 3:11).

Jer je Mojsije samo vodio ovce četrdeset godina on nije imao samopouzdanja. Bog je također znao njegovo srce i On mu je Sam pokazao mnoge znakove kao što je pretvaranje štapa u zmiju da bi mu pokazao da ode do faraona i preda zapovijed Boga. Mojsije se potpuno ponizio i mogao je poslušati zapovijed Boga. Ali je faraon za razliku od Mojsija bio jako tvrdoglav čovjek sa otvrdnutim srcem.

Čovjek sa otvrdnutim srcem se ne mijenja čak i nakon što vidi mnoga djela Boga. Jako je poznata poredba koju je Isus rekao po Mateju 13:18-23, među četiri vrste polja, otvrdnuto srce pada u kategoriju „ceste." Cesta je jako tvrda jer ljudi hodaju po njoj. Oni koji imaju ovakvu vrstu srca se ne mijenjaju uopće čak i kad vide djela Boga.

U to vrijeme Egipćani su imali jako snažan i hrabar karakter kao lavovi. Njihov vođa, faraon, je imao apsolutnu moć i smatrao je sebe bogom. Ljudi su ga također služili kao da je on bog.

Mojsije je pričao o Bogu ljudima koji su imali takvu vrstu kulturnog shvaćanja. Oni nisu ništa znali o Bogu o kojem

Mojsije priča i koji je naređivao faraonu da pusti Izraelce. Bilo je očito teško za njih poslušati Mojsija.

Oni su uživali veliku korist kroz rad Izraelaca, pa im je bilo još teže to prihvatiti.

Danas također, postoje ljudi koji smatraju samo svoje znanje, slavu, autoritet ili bogatstvo najboljima. Oni traže samo svoju koristi i vjeruju samo svojim sposobnostima. Oni su arogantni i njihova su srca otvrdnuta.

Faraonovo i Egipatsko srce je bilo otvrdnuto. Pa oni nisu poslušali volju Boga koji je Mojsije dostavio. Oni nisu slušali do kraja i konačno, oni su usmrćeni.

Naravno, iako je faraonovo srce bilo otvrdnuto, Bog nije dozvolio velike pošasti od početka.

Kao što je rečeno, *„Gospod je milostiv i pun milosrđa, strpljiv i bogat ljubavlju"* (Psalam 145:8), Bog im je pokazao Svoju moć kroz Mojsija mnogo puta. Bog je želio da Ga oni prihvate i slušaju Ga. Ali faraon je otvrdnio svoje srce još više.

Bog, koji vidi srce i um svake osobe, je rekao Mojsiju da kaže sve što će On učiniti.

Ja ću ipak otvrditi srce faraonu i tako učiniti u zemlji egipatskoj mnoge znake i čudesa. Jer vas faraon neće poslušati, učinit ću, da Egipćani osjete moć moju, i izvest ću čete svoje, narod svoj, sinove

Izraelove, iz zemlje egipatske uz velike dokaze moći svoje. Tada će Egipćani spoznati, da sam ja Gospod, kad pružim ruku svoju proti Egipćanima i sinove Izraelove izvedem iz njihove sredine (Izlazak 7:3-5).

Faraonovo otvrdnuto srce i Deset pošasti

Tijekom cijelog procesa Izlaska, mi možemo naći mnogo puta izraz, „*Ja ću ipak otvrditi srce faraonu*" (Izlazak 7:3).

Doslovno, čini se da će Bog otvrdnuti faraonovo srce namjerno, i netko može pogrešno shvatiti da je Bog kao diktator. Ali to nije istina.

Bog želi da svatko primi spasenje (1. Timotejeva Poslanica 2:4). On želi da čak i čovjek sa najotvrdnjenim srcem shvati istinu i primi spasenje.

Bog je Bog ljubavi; On ne bi nikada namjerno otvrdnio faraonovo srce da bi otkrio Svoju slavu. Isto tako, kroz činjenicu da je Bog učestalo slao Mojsija faraonu, mi možemo razumjeti da Bog želi da faraon i svi ostali promjene svoja srca i slušaju Ga.

Bog radi sve u redu, u ljubav i unutar pravde, slijedeći riječi Biblije.

Ako činimo zlo i ne slušamo riječi Boga, neprijatelj vrag će nas optužiti. Zbog toga se mi suočavamo sa testovima i iskušenjima. Oni koji slušaju riječi Boga i žive u pravednosti će primiti blagoslove.

Ljudi izabiru svoja djela unutar svoje volje. Bog ne određuje tko će primiti blagoslove a tko ne. Da Bog nije bio Bog ljubavi i pravde, On je mogao donijeti veliku pošast na Egipat odmah od početka da bi natjerao faraona da se podčini.

Bog ne želi „prisilnu poslušnost" koja proizlazi iz straha. On želi da ljudi otvore svoja srca i slušaju Ga sa svojom vlastitom slobodnom voljom.

Prvo, On nam dopušta da znamo Njegovu volju i On pokazuje Svoju moć tako da mi možemo slušati. Ali kada ne slušamo, On počinje sa manjim nepogodama da bi nam dopustio da dobijemo nešto razumijevanja i prouzrokuje nam da se otkrijemo.

Svemogući Bog zna srce čovjeka; On zna kada je zlo otkriveno i kako mi možemo odbaciti zla i kako primiti rješenja naših problema.

Čak i danas On nas vodi na najbolji put i implicira najbolju metodu da izađemo kao sveta djeca Boga.

S vremena na vrijeme, On dopušta testove i iskušenja da bi ih mi prevladali. To je put za nas da nađemo zlo u nama i odbacimo ga. Kako naša duša uspijeva, On dopušta da nam sve dobro ide i daje nam dobro zdravlje.

Međutim, faraon nije odbacio svoje zlo kada je bilo prikazano. On je otvrdnio svoje srce i nastavio kršiti riječ Boga. Jer je Bog znao srce faraona, On je dopustio da se otvrdnuto srce faraona otkrije kroz pošasti. Zbog toga u Bibliji piše, „Ja ću ipak otvrditi srce faraonu."

„Imati otvrdnuto srce" generalno znači da je nečiji karakter izbirljiv i tvrdoglav. Ali otvrdnuto srce zapisano u Bibliji koje se odnosi na faraona nije samo neposluh Božje riječi sa opakosti, nego i stajati protiv Boga.

Kao što je ranije spomenuto, faraon je živio život koji je orijentiran isključivo prema njemu, čak se i smatrao kao bog. Svi su ga ljudi slušali i on se nije imao čega bojati. Da je on imao dobro srce, on bi povjerovao u Boga nakon što je vidio moćna djela koja su prikazana kroz Mojsija, čak i ako nije znao o Bogu prije toga.

Na primjer, Nabukodonozer iz Babilona koji je živio od 605 do 562 pr. Kr. nije znao o Bogu, ali nakon što je svjedočio moći Boga koja je prikazana kroz Danielova tri prijatelja, Šakadara, Mešaka i Adeb-Nega, on je prihvatio Boga.

> *Tada povika Nebukadnezar: „Neka je blagoslovljen Bog Šadrakov. Mešakov i Abed-Negov! On je poslao anđela svojega i oslobodio sluge svoje, koji se pouzdaše u njega, zapovijed kraljevu prestupiše i tjelesa svoja predadoše, da ne bi poštovali drugoga boga niti mu se poklonili osim svojemu! Zato izlazi od mene ova zapovijed: „Ako tkogod, bilo kojega naroda, bilo kojega plemena i jezika, izgovori kakvu psovku na Boga Šadrakova, Mešakova i Abed-Negova, taj neka se na komade isiječe i kuća njegova neka se pretvori u podrtine; jer nema drugoga boga,*

koji bi mogao tako izbaviti!" (Daniel 3:28-29).

Šakar, Mešak i Adeb-Nega su otišli u pogansku zemlju kao zarobljenici u mladoj dobi. Ali oni su slušali Božje zapovijedi i nisu se klanjali idolima. Oni su čak bačeni u užarenu pećnicu. Ali nisu bili ozlijeđeni, te čak im nije opečena dlaka sa glave. Kada je Nabukodonozer to vidio, on je odmah prihvatio živog Boga.

On nije samo prihvatio svemoćnog Boga kada je svjedočio rad Boga koji nadilazi ljudske mogućnosti; On je također dao slavu Bog pred svim svojim ljudima.

Međutim, faraon nije prihvatio Boga čak i nakon što je vidio Njegov moćni rad. On je još više otvrdnio svoje srce. Samo nakon što je patio ne od jedne ili dvije pošasti nego svih deset pošasti on je pustio Izraelce.

Ali pošto je njegovo otvrdnuto srce u biti još bilo nepromijenjeno, on je zažalio što je pustio Izraelce. On ih je progonio sa svojim vojskom, i konačno on i njegova vojska su umrli u Crvenom moru.

Izraelci su bili pod Božjom zaštitom

Dok je cijela zemlja Egipta bila pogođena pošastima i iako su Izraelci bili u istom Egiptu, oni nisu patili od nikakvih pošasti. To je zbog toga što je Bog postavio Svoju posebnu zaštitu preko zemlje Gošena gdje su Izraelci živjeli.

Ako nas Bog štiti, mi možemo biti sigurni čak i u velikim nesrećama i nepogodama. Čak i ako dobijemo bolest ili susrećemo poteškoće, mi možemo biti ozdravljeni i prevladati ih sa moći Boga.

To nije zbog toga što su Izraelci imali vjere i bili su pravedni pa su bili zaštićeni. Oni su bili zaštićeni činjenicom da su oni odabrani narod Božji. Za razliku od Egipćana, oni su tražili Boga u svojim patnjama i jer su Ga oni prihvaćali, oni su mogli biti pod Njegovom zaštitom.

Na isti način, čak i ako imamo nekakav oblik zla, samo sa činjenicom da smo postali Božja djeca, mi možemo biti zaštićeni od katastrofa koja padaju na nevjernike.

To je zato što su nam grijesi oprošteni sa krvi Isusa Krista i postali smo djeca Božja; prema tome, mi više nismo djeca vraga koji donosi iskušenja i katastrofe na nas.

Nadalje, kako naša vjera raste, mi držimo Gospodov dan svetim, odbacimo zlo i slušamo riječ Boga i prema tome, mi možemo primiti Božju ljubav i blagoslove.

Dakle, Izraele! Što ište od tebe Gospod, Bog tvoj? Samo to, da se bojiš Gospoda, Boga svojega, da hodiš po svim putovima njegovim, da ga ljubiš i služiš Gospodu, Bogu svojemu, svim srcem i svom dušom, držeći zapovijedi i zakone Gospodnje, što ti ih dajem danas, da ti bude dobro (Ponovljeni zakon

10:12-13).

Poglavlje 2

Život neposluha i pošasti

Izlazak 7:8-13

I reče Gospod Mojsiju i Aronu: Ako vas pozove faraon: 'Učinite ipak kakvo kakvo čudo', onda reci Aronu: 'Uzmi štap svoj i baci ga pred faraona i postat će tada zmija.' Mojsije i Aron otidoše k faraonu i učiniše tako, kako im zapovjedi Gospod. Aron baci štap svoj pred faraona i sluge njegove, i pretvori se u zmiju. I faraon dozva mudrace i vračare, i čarobnjaci egipatski učiniše isto tako svojim tajnim čaranjem. Svi baciše štapove svoje, i pretvoriše se štapovi u zmije. Ali štap Aronov proždrije štapove njihove. A srce faraonovo ostade tvrdo; i on ih ne posluša, kao što je bio unaprijed rekao Gospod.

Karl Marx je odbacio Boga. On je osnovao komunizam na osnovi materijalizma. Njegova je teorija rezultirala tako da su brojni ljudi napustili Boga. Činilo se da će uskoro cijeli svijet prisvojiti komunizam. Ali komunizam je propao unutar 100 godina.

Baš kao u padu komunizma, Marx je patio od takvih stvari u svojem osobnom životu kao što su mentalne nesigurnosti i rana smrt njegove djece.

Friedrich W. Nietzsche, koji je rekao Bog je mrtav, utjecao je da mnogi ljudi stanu protiv Boga. Ali uskoro, on je postao luđak zbog straha i konačno je susreo tragičan kraj.

Možemo vidjeti da oni koji staju protiv Boga i ne slušaju Njegovu riječ pate od poteškoća kao što su pošasti i žive jadnim životima.

Razlika između pošasti, iskušenja, testova i patnji

Bilo da smo vjernici ili ne, svi ljudi se moraju susresti sa nekim problemima u svojim životima. To je zbog toga što su naši životi u Božjom providnosti ljudske kultivacije oblikovani da dobije pravu djecu.

Bog nam daje samo dobre stvari. Ali pošto je grijeh došao u čovjeka zbog Adamovog grijeha, ovaj svijet je došao pod vlast neprijatelja vraga i Sotone. Od tog vremena, ljudi su počeli patiti od različitih poteškoća i tuga.

Zbog mržnje, ljutnje, pohlepe, arogancije i varljivog uma ljudi čine grijehe. Prema ozbiljnosti njihova grijeha, oni pate od raznih vrsta testova i iskušenja koje je donio neprijatelj vrag i Sotona.

Kada se oni suoče sa jako teškom situacijom, ljudi govore da je to katastrofa. Isto tako, kada se vjernici suočavaju sa teškim stvarima, oni često koriste terminologiju kao „test," „patnja" ili „iskušenje."

„A ne samo to, nego se hvalimo i nevoljama znajući, da nevolja vodi k strpljivosti; a strpljivost k iskustvu, a iskustvo k nadi" (Poslanica rimljanima 5:3-4).

Prema tome da li netko živi prema istini ili ne, i prema tome koliku mjeru vjere netko ima, oni mogu zvati katastrofe ili pošasti, testovi ili patnje.

Na primjer, kada čovjek ima vjere ali ne vjeruje prema riječi koju je on slušao svo vrijeme, Bog ga ne može zaštiti od mnogih vrsta poteškoća. To se zove „patnja." Nadalje, ako on odbaci svoju vjeru i djeluje prema neistini, on će patiti od pošasti ili katastrofa.

Isto tako, pretpostavimo da osoba sluša riječ i pokušava je prakticirati, ali sada ne živi potpuno prema riječi. Onda, on mora imati proces u kojem on pati protiv svoje grešne naravi. Kada se čovjek suoči sa mnogim vrstama poteškoća da bi on patio protiv svojih grijeha da točke prolijevanja krvi, Biblija kaže da on trpi iskušenja ili je discipliniran. Prvenstveno, Mnoge vrste poteškoća koje on susreće se nazivaju „iskušenja."

Isto tako, „test" i prilika da provjerimo koliko je naša vjera narasla. Prema tome, oni koji žive prema riječi, postoje iskušenja i testovi koji slijede. Ako osoba ode sa istine i naljuti Boga, on će patiti od „patnji" ili „pošasti."

Uzroci pošasti

Kada osoba namjerno počini grijeh, Bog mora okrenuti Svoje lice od njega. Onda, neprijatelj vrag i Sotona mogu donijeti pošasti na njega. Pošasti dolaze do mjere u kojoj netko nije slušao riječ Boga.

Ako se on ne okrene nego nastavi griješiti čak i nakon što je patio od pošasti, on će patiti od veće pošasti kao što je u slučaju Deset pošasti u Egiptu. Ali ako se pokaje i okrene, pošasti će brzo otići sa milosti Boga.

Ljudi pate od pošasti zbog svojeg zla, ali mi možemo pronaći dvije grupe ljudi među onima koji pate.

Jedna grupa dolazi Bogu i pokušava se pokajati i okrenuti kroz pošasti. U drugu ruku, druga grupa još prigovara protiv Boga govoreći, „Ja sam marljivo išao u crkvu, molio se i davao prinose, i zašto bi ja patio od takve pošasti?"

Rezultat će biti posve različit za to dvoje. U prvom slučaju, pošast će biti maknuta i Božja milost će pasti na njih. Ali u drugom slučaju, oni čak ni ne shvaćaju problem, pa veća pošast pada na njih.

Do mjere u kojoj čovjek ima zla u svojem srcu, teško je za njega shvatiti svoju krivnju i okrenuti se. Takva osoba ima takvo otvrdnuo srce da on ne otvara vrata svojeg srca čak i kad čuje evanđelje. Čak i ako je došao u vjeru, on ne može razumjeti riječi Boga; on samo dolazi u crkvu ali se ne mijenja.

Prema tome, ako ti patiš od pošasti, ti bi trebao shvatiti da postoji nešto nepogodno u vidu Boga, i brzo se okrenuti i pobjeći od pošasti.

Šanse koje Bog daje

Faraon je odbio riječ Boga koja je dostavljena kroz Mojsija. On se nije okrenuo kada su manje pošasti bile nanesene, pa je on morao patiti od većih pošasti. Kad je on nastavio činiti zlo, ne slušati Boga, njegova je cijela zemlja postala preslaba da bi se oporavila. On je konačno umro tragičnom smrću. Kako je on budalast bio!

> *Nato otidoše Mojsije i Aron i rekoše faraonu: „Ovako veli Gospod, Bog Izraelov: 'Pusti narod moj da ide, da mi u pustinji slavi svetkovinu!'"* (Izlazak 5:1).

Kada je Mojsije pitao faraona da pusti Izraelce prema riječi Boga, faraon ga je odmah odbio.

> *A faraon odgovori: „Tko je Gospod, da ga poslušam i pustim da ide Izrael? Ne poznam Gospoda, a i neću*

pustiti Izraela" (Izlazak 5:2).

Oni odgovoriše: „Bog Hebreja objavi nam se pa molimo, jer bismo htjeli da idemo tri dana hoda daleko u pustinju, da tamo žrtvujemo Gospodu, Bogu svojemu, da nas ne pohodi kugom ili mačem" (Izlazak 5:3).

Kada je faraon čuo Mojsijeve i Aaronove riječ, on je neopravdano optužio ljude Izraela da su lijeni i da misle o nečem drugom osim o svojem poslu. On ih je progonio sa većom stopom okrutnog rada. Izraelcima je prije data slama da bi napravili cigle, ali sada su morali raditi određeni broj cigli bez slame. Nije bilo lako Izraelcima napraviti broj cigli čak i sa slamom, ali sada im je faraon prestao davati slamu. Mi možemo vidjeti kako je očvrsnuto faraonovo srce bilo.

Kako je njihov težak rad postao teži, Izraelci su počeli prigovarati protiv Mojsija. Ali Bog je poslao Mojsija opet faraonu da mu pokaže znakove. Bog je dao faraonu, koji nije poslušao riječ Boga, šansu da se pokaje pokazujući mu Božju moć.

Mojsije i Aron otidoše k faraonu i učiniše tako, kako im zapovjedi Gospod. Aron baci štap svoj pred faraona i sluge njegove, i pretvori se u zmiju (Izlazak 7:10).

Kroz Mojsija, Bog je učinio zmiju od štapa, da bi posvjedočio živog Boga faraonu koji nije znao Boga.

Duhovno, „zmija" se odnosi na Sotonu, i zašto je onda Bog učinio zmiju sa štapom?
Zemlja na kojoj je Mojsije stajao i štap su također pripadali ovom svijetu. Ovaj svijet pripada neprijatelju vragu i Sotoni. Da bi simbolizirao tu činjenicu, Bog je napravio zmiju. To je da bi nam rekao da oni koji nisu pravedni u Božjem vidu uvijek primaju Sotonin rad.
Faraon je stajao protiv Boga, i prema tome Bog ga nije mogao blagosloviti. Zbog toga je Bog učinio da se zmija pojavi, ona predstavlja Sotonu. To nagovještava da će biti Sotonin rad. Slijedeće pošasti kao što su pošasti krvi, žaba i komaraca su sve učinjene sa Sotoninim radom.
Prema tome, pretvaranje štapa u zmiju je nivo na kojem se male stvari događaju tako da ga osjetljivi ljudi mogu osjetiti. Oni to čak mogu pripisati kao nekakvu slučajnost. To je stupanj gdje nema stvarne štete. To je šansa koju Bog daje da se osoba pokaje.

Faraon donosi Egipatske čarobnjake

Kako je faraon vidio da se Aaronov štap pretvara u zmiju, faraon je pozvao mudre ljude i čarobnjake Egipta.
Oni su bili čarobnjaci u palači i činili su mnoge trikove čarolije pred kraljem za zabavu. Oni su došli do pozicije činovnika kroz čaroliju. Isto tako, jer su naslijedili od svojih

predaka, oni su zapravo rođeni sa takvom vrstom temperamenta.

Čak i danas, neki čarobnjaci prolaze kroz Kineski zid ispred mnogih ljudi, ili učine da Kip slobode nestane. Isto tako, neki ljudi su se trenirali sa jogom tako puno vremena i mogu spavati na tankim granama ili ostati u bačvi mnogo dana.
Neki od tih čarolija su samo varke očiju. Unatoč tomu, oni se treniraju da bi učinili neke veličanstvene stvari. Onda, kako su morali biti moćniji čarobnjaci jer su nastupali pred kraljem tijekom mnogih generacija! Posebno, u njihovom slučaju, oni su se mogli razviti da bi imali kontakt sa zlim duhovima.

Neke čarobnice u Koreji imaju kontakte sa demonima, i one plešu na jako oštrim oštricama kosača za travu i uopće nisu ozlijeđene. Čarobnice faraona su također imale kontakte sa zlim duhovima i pokazivale mnoge vrste nevjerojatnih stvari.

Čarobnjaci u Egiptu su se trenirali jako dugo vremena, i kroz iluziju i varanje, oni su bacili štap i učinili su da se zmija pojavi.

Oni koji ne prihvaćaju živog Boga.

Kada je Mojsije bacio svoj štap i načinio zmiju, faraon je trenutno pomislio da postoji Bog i da je Bog Izraela pravi Bog. Ali kada je vidio da su čarobnjaci napravili zmiju, on nije vjerovao u Boga.

Zmiju koju su čarobnjaci stvoriti je pojela zmija koja je stvorena od Aaronovog štapa, ali on je samo mislio da je to slučajnost.

U vjeri, nema slučajnosti. Ali u slučaju novog vjernika koji je tek prihvatio Gospoda, moglo bi biti mnogih djela Sotone koja će ga remetiti u vjerovanju u Boga. Onda, mnogi ljudi samo misle da je to nekakva slučajnost.

Isto tako, neki vjernici koji su tek prihvatili Gospoda prime riješenje svojih problema uz pomoć Boga. Na početku, oni prepoznaju moć Boga, ali kako vrijeme prolazi, oni misle da je to bila samo slučajnost.

Baš kao što je faraon svjedočio rad Boga koji pretvara štap u zmiju, ali on nije prepoznao Boga, postoje ljudi koji ne prihvaćaju živog Boga nego sve smatraju samo slučajnosti čak i nakon što iskuse rad Boga.

Neki ljudi vjeruju potpuno u Boga samo nakon što iskuse Božji rad jednom. Neki drugi na početku prepoznaju Boga ali kasnije, oni misle da su njihovi problemi riješeni sa svojim sposobnosti, znanjem, iskustvom ili kroz pomoć susjeda, i smatraju Božji rad kao slučajnost.

Prema tome, Bog ne može nego okrenuti Svoje lice od njih. Posljedično, njihovi problemi koji su bili razriješeni se mogu vratiti.

U slučaju bolesti koja je izliječena, može se ponoviti, ili može postati još ozbiljnija. U slučaju problema u poslu, veći problemi mogu proizaći nego prije.

Kada smatramo Božji odgovor kao samo slučajnost, to će nas voditi da budemo još dalje od Boga. Onda, isti problem se može opet dogoditi ili mi možemo pasti u još težu situaciju.

Na isti način, jer je faraon smatrao Božji rad kao slučajnost, on je sad počeo patiti od ozbiljnih pošasti.

A srce faraonovo ostade tvrdo; i on ih ne posluša, kao što je bio unaprijed rekao Gospod (Izlazak 7:13).

Poglavlje 3

Pošasti krvi, žaba i komaraca

Izlazak 7:20-8:19

Mojsije i Aron učiniše tako, kako im bio zapovjedio Gospod. On diže štap i udari njim po vodi u Nilu pred očima faraona i sluga njegovih. Tada se sva voda u Nilu pretvori u krv (7:20).

Dalje zapovjedi Gospod Mojsiju: „Kaži Aronu: 'Pruži ruku svoju sa štapom svojim na rijeke, prokope i bare i izvedi žabe na zemlju egipatsku!'" Aron pruži ruku svoju na vode egipatske, i izađoše žabe i pokriše zemlju egipatsku (8:5-6).

Tada zapovjedi Gospod Mojsiju: „Kaži Aronu: 'Pruži štap svoj i udari njim po prahu na zemlji, da se pretvori u komarce po svoj zemlji egipatskoj!'" Oni učiniše tako: Aron pruži ruku svoju sa štapom i udari njim po prahu na zemlji. Tada dođoše komarci na ljude i na stoku. Sav prah na zemlji pretvori se u komarce po svoj zemlji egipatskoj (8:16-17).

Čarobnjaci rekoše faraonu: „To je prst Božji!" A srce faraonovo ostade tvrdo; i on ih ne posluša, kao što je bio unaprijed rekao Gospod (8:19).

Bog govori Mojsiju da će se faraonovo srce otvrdnuti, i on će odbiti pustiti Izraelce čak i nakon što vidi da se štap pretvorio u zmiju. Onda, Bog govori Mojsiju što učiniti u detalje.

Idi sutra rano k faraonu, kad on polazi k rijeci, i stani prema njemu na obali Nila! Uzmi sa sobom štap, što se pretvorio u zmiju (Izlazak 7:15).

Mojsije je sreo faraona koji je hodao pored Nila. Mojsije je predao riječ Boga držeći štap koji se pretvorio u zmiju u njegovoj ruci.

„I ti ćeš mu reći: 'Gospod, Bog Hebreja, posla me k tebi, da ti zapovjedim, da pustiš narod moj, da mi služi u pustinji. Ipak ti do sada nisi poslušao. Ovako veli Gospod: Po ovom ćeš spoznati, da sam ja Gospod: Evo gle, udarit ću sada štapom u mojoj ruci po vodi Nilu, i ona će se pretvoriti u krv. Ribe će u Nilu poginuti, Nil će zasmrdjeti, i grstit će se Egipćanima piti vodu iz Nila'" (Izlazak 7:16-18).

Pošast krvi

Voda je nešto što je nama najbliže i direktno je povezano sa našim životom. Sedamdeset posto ljudskog tijela se sastoji od vode, i voda je posve potreba za sva živa bića.

Danas, usred povećanja svjetske populacije i ekonomskog razvoja, mnoge zemlje pate od nedostatka vode. UN je proglasio „Svjetski dan voda" da podsjeti zemlje na važnost vode. To treba poticati ljude da efikasnije troše ograničene vodne resurse.

U drevnoj Kini, imali su ministra za kontrolu voda. Mi možemo lako vidjeti vodu oko nas posvuda, ali nekada propuštamo vidjeti kako ima veliki utjecaj u našim životima.

Kako bi veliki problem bio kad bi sve vode u zemlji se pretvorile u krv! Faraon i Egipćani su se susreli sa takvom veličanstvenom stvari. Nil se pretvorio u krv.

Ali faraon je otvrdnio svoje srce i nije slušao Božju riječ, jer je također vidio kako njegovi čarobnjaci pretvaraju vodu u krv.

Mojsije mu je pokazao živog Boga, ali je to faraon smatrao slučajnosti i negirao je. Prema tome, do mjere u kojem on ima zla, pošast dolazi na njega.

Mojsije i Aaron su učinili tako kako im je GOSPOD zapovjedio. U faraonovom vidu i u vidu njegovih sluga Mojsije je podigao svoj štap i udario vodu koja je bila u Nilu i sva voda koja je bila u Nilu se pretvorila u krv.

Onda, Egipćani su morali kopati oko Nila da bi dobili pitku vodu. To je bila prva pošast.

Duhovno značenje pošasti krvi

Sad, što je duhovno značenje sadržano u pošasti krvi?

Veći dio Egipta je pustinja i divljina. Prema tome, faraon i njegovi ljudi su morali patiti do velike mjere pošto se njihova pitka voda pretvorila u krv.

Ne samo da se pitka voda i voda za dnevnu uporabu pokvarila, nego su i ribe u vodi umrle i bilo je ružnog mirisa. Neugoda je bila velika.

U ovom smislu, pošast krvi se duhovno odnosi na patnje uzrokovane stvarima koje su direktno vezane sa našim dnevnim životima. Postoje mnoge stvari koje su iritantne i bolne, koje dolaze od najbližih ljudi oko nas kao što su članovi obitelji, prijatelji i kolege.

Sa odnosom na naše kršćanske živote, ova pošast može biti nešto kao progon ili test koji dolazi od naših najbližih prijatelja, roditelja, rođaka ili susjeda. Naravno, oni sa većom količinom vjere će to lakše prevladati, ali oni sa malo vjere će patiti velike bolove zbog progona i testova.

Iskušenja dolaze na one koji imaju zla

Postoje dvije kategorije kada susrećemo iskušenje.

Prvo je iskušenje koje dokazi kada ne živimo prema riječi Boga. U to vrijeme, ako se brzo pokajemo i okrenemo, Bog će ukloniti iskušenje.

Jakovljeva poslanica 1:13-14 govori, *"Ni jedan, kad se kuša, neka ne kaže, da je od Boga kušan, jer Bog ne može biti kušan na zlo, a on ne kuša nikoga. Nego svakoga kuša vlastita požuda, koja ga vuče i mami."*

Razlog zašto se mi susrećemo sa poteškoćama je taj što smo mi privučeni našim željama a ne živimo prema riječi Boga, i prema tome iskušenja neprijatelja vraga padaju na nas.

Drugo, nekada mi pokušavamo biti vjerni u našim kršćanskim životima, ali se svejedno suočavamo sa iskušenjima. To je uznemirujući rad Sotone koji pokušava da se mi odreknemo naše vjere. Ako mi radimo kompromise u ovom slučaju, poteškoće će postati teže i mi nećemo moći obnoviti blagoslove. Neki ljudi izgube malo vjere što imaju i okrenu se nazad svijetu.

U svakom slučaju, oba slučaja su prouzrokovana jer imamo zla u nama. Prema tome, mi moramo marljivo tražiti oblike zla u nama i okrenuti se od njih. Mi se moramo moliti sa vjerom i davati hvalu. Onda, mi možemo prevladati iskušenje.

Baš kao što je Mojsijeva zmija progutala zmije čarobnjaka, Sotonin je svijet također pod kontrolom Boga. Kada je Bog prvo pozvao Mojsija, On je pokazao znak mijenjanja štapa u zmiju i vratio ga u štap nazad (Izlazak 4:4). To simbolizira činjenicu da čak i ako testovi padnu na nas kroz Sotonin rad, ako pokažemo našu vjeru pouzdajući se potpuno u Boga, Bog će sve obnoviti nazad u normalu.

U suprotnom, ako mi radimo kompromise, to nije vjera i mi ne možemo iskusiti Božji rad. Ako se mi suočimo sa iskušenjem, mi bi se trebali potpuno uzdati u Boga i vidjeti rad Boga kako odnosi iskušenje sa Svojom moći.

Sve je pod Božjom kontrolom. Prema tome, bilo da je mali ili veliki, u bilo kakvom testu ako se potpuno pouzdamo u Boga i slušamo riječ Boga iskušenje neće biti važno za nas. Sam Bog će riješiti problem i voditi nas prema prosperitetu u svemu.

Ali važna stvar je ta da, ako je manja pošast mi se možemo lako oporaviti, ali u slučaju velike pošasti nije se lako potpuno oporaviti. Prema tome, mi se uvijek moramo provjeravati sa riječi istine, odbaciti oblike zla i živjeti prema riječi Boga tako da se nećemo susretati sa nikakvim pošastima.

Testovi za ljude vjere su u svrhu blagoslova

Nekada, postoje izuzetci. Čak i oni sa velikom vjerom mogu susresti testove. Apostol Pavao, Abraham, Daniel i njegova tri prijatelja i Jeremija su svi patili testove. Čak je i Isusa vrag iskušavao tri puta.

Isto tako, testovi koji dolaze na one koji imaju vjere su blagoslovi. Ako se oni raduju, daju hvalu i uzdaju se u Boga potpuno, testovi će se pretvoriti u blagoslove i oni mogu davati hvalu Bogu.

Prema tome, moguće je za one koji imaju vjere susresti testove jer oni mogu primiti blagoslove kroz njihov prolazak. Međutim, oni se nikad neće susresti sa pošasti. Pošasti dolaze na osobu koja počini greške i prekršaje u vidu Boga.

Na primjer, apostol Pavao je progonjen jako puno zbog Gospoda, ali kroz progone on je primio veliku moć i igrao je ključnu ulogu u evangelizaciji Rimskog carstva kao apostol pogana.

Daniel nije činio kompromise sa planovima koje su učinili zli ljudi koji su bili ljubomorni na njega. On se nije prestao moliti, nego je samo hodao pravednim putem. Konačno, on je bačen u lavlju jazbinu, ali nije uopće ozlijeđen. On je jako slavio Boga.

Jeremija je oplakivao i molio ljude sa suzama kada su njegovi ljudi činili grijehe pred Bogom. Zbog toga su ga pretukli i zatvorili. Ali čak i u situaciji gdje je Nabukodonozer pokorio Jeruzalem i tako je mnogo ljudi bilo ubijeno i zarobljeno, Jeremija je bio spašen i kralj se dobro ponašao prema njemu.

Sa vjerom, Abraham je prošao test prinosa svojeg sina, Izaka, tako da bi se on mogao zvati prijateljem Boga. On je primio tako velike blagoslove u duhu i tijelu tako da su ga čak i kraljevi nacija primali sa velikim častima.

Kao što je objašnjeno, u većini slučajeva, iskušenja dolaze na nas zbog oblika zla koje mi imamo, ali postoje također izuzetci gdje ljudi Boga primaju testove u svojoj vjeri. Ali rezultat ovoga je blagoslov.

Pošast žaba

Čak i nakon sedam dana od vremena kada se Nil pretvorio u krv, faraon je otvrdio svoje srce. Pošto su i njegovi čarobnjaci

mogli pretvoriti vodu u krv, on je odbio pustiti ljude Izraela.
Kao kralj nacije, faraon se morao brinuti zbog nelagode svojih ljudi koji su patili zbog manjka vode, ali on se zapravo nije brinuo oko toga, jer je njegovo srce bilo otvrdnuto.

Zbog otvrdnutog faraonovog srce, druga pošast je pogodila Egipat.

Nil će vrvjeti žabama, koje će izaći i prodrijeti u palaču tvoju, u spavaonicu tvoju, u postelju tvoju, u kuće sluga tvojih i naroda tvojega, u peći tvoje i u naćve tvoje, Jest, na tebe, na podanike tvoje i na sve sluge tvoje skakat će žabe (Izlazak 8:3-4).

Kako je Bog rekao Mojsiju, kada je Aaron ispružio svoje ruke sa svojim štapom preko voda Egipta, nebrojene žabe su počele prekrivati zemlje Egipta. Onda, čarobnjaci su učinili isto sa svojim tajnim vještinama.

Osim na Antartici, postoje više od 400 različitih vrsta žaba preko cijelog svijeta. Njihova veličina je različita od 2.5 cm do 30 cm.

Neki ljudi jedu žabe, ali obično su ljudi iznenađeni ili se osjećaju zgađeno kada vide žabu. Žablje oči iskaču i oni nemaju rep. Njihove zadnje noge imaju plivače kožice i njihova koža je uvijek mokra. Sve te stvari uzrokuju neku vrstu nelagodnog osjećaja.

Ne samo nekoliko njih, nego nebrojene žabe su prekrivale

cijelu zemlju. One su sjedile na stolovima i skakale okolo po sobama i na krevetima. Oni nisu mogli ni pomisliti o uživanju u jelu ili odmaraju dobro i mirno.

Duhovno značenje pošasti žaba

Onda, što je duhovno značenje sadržano u pošasti žaba?

Knjiga Otkrivenja 16:13 ima izraz, *„tri nečista duha kao žabe."* Žabe su jedne od mrskih životinja i duhovno, to se odnosi na Sotonu.

Žaba ulazi u palaču kraljeva i u kuće ministara i ljudi znači na je pošast pogodila sve na isti način, bez obzira na njihovu socijalnu poziciju.

Isto tako, žabe idu do i na krevet znači da će biti problema između muža i žene.

Na primjer, pretpostavimo da je žena vjernik a muž nije i muž ju vara. Onda, kada je on uhvaćen, on daje takvu izliku kao, „To je zbog toga što si ti u crkvi cijelo vrijeme."

Ako žena povjeruje svojem mužu, koji krivi crkvu za svoje osobne probleme i odlazi od Boga, onda je to problem koji je „Sotona uzrokovao u sobi."

Ljudi susreću ovu vrstu pošasti jer imaju oblike zla. Čini se da vode dobar život u vjeru, ali kad su suočeni sa testovima, njihovo je srce potreseno. Njihova vjera i nada za nebo će nestati. Njihova radost i mir također nestaju, i oni se boje gledati u stvarnost situacije.

Ali ako oni stvarno imaju nade za nebo i ljubavi za Boga i ako imaju pravu vjeru oni neće patiti zbog poteškoća kroz koje moraju proći na ovoj zemlji. Oni će ih rađe prevladati i početi primati blagoslove.

Žabe su ušle u pećnice i posude za miješanje. Posude za miješanje se odnosi na naš svakodnevni kruh i pećnica na naše radno mjesto ili poslovno polje. To kao cjelina znači da Sotona radi u ljudskim obiteljima, radnim mjestima, poslovnim poljima te čak i u dnevnoj hrani, tako da ćemo biti stavljeni u teške i stresne situacije.

U ovoj vrsti situacije, neki ljudi neće prevladati iskušenje misleći, „Ta iskušenja dolaze na mene zbog moje vjere u Isusa" i oni se vrate svijetu. To znači maknuti se sa puta spasenja i vječnog života.

Ali ako oni prihvate činjenicu da su poteškoće pale na njih zbog njihova manjka vjere i oblika zla i onda se oni pokaju, Sotonin rad remećenja će otići i Bog će nam pomoći prevladati sve poteškoće.

Ako stvarno imamo vjere, nikakvo iskušenje ili pošast neće biti problem za nas. Čak i ako se susretnemo sa iskušenjem, ako se radujemo, dajemo hvala i budemo na oprezu i molimo se svi naši problemi će biti riješeni.

Tada dozva faraon Mojsija i Arona i zamoli: „Molite Gospoda da mene i narod moj oslobodi od žaba, ja ću tada pustiti narod da žrtvuje Gospodu" (Izlazak 8:8).

Faraon je pitao Mojsija i Aarona da maknu žabe koje su prevladale cijelu zemlju. Tijekom Mojsijeve molitve, žabe su umrle u kućama, na sudovima i na poljima.

Ljudi su ih skupljali na hrpe, i onda je zemlja postala prljava. Sada su oni imali olakšanje. Ali kako je faraon vidio njihovo olakšanje, predomislio se. On je obećao da će pustiti ljude Izraela ako se žabe maknu, ali je promijenio mišljenje.

Kad vidje faraon, da opet može odahnuti, ponovno otvrdi srce svoje i ne posluša ih više, kao što je bio unaprijed rekao Gospod (Izlazak 8:15).

„Otvrdnio svoje srce" znači da je faraon tvrdoglav. Čak i nakon što je vidio brojna Božja djela, on nije slušao Mojsija. Kao rezultat, druga pošast ga je pogodila.

Pošast komaraca

Bog je rekao Mojsiju u Izlasku 8:16, *„Kaži Aronu: 'Pruži štap svoj i udari njim po prahu na zemlji, da se pretvori u komarce po svoj zemlji egipatskoj!'"*

Kada su Mojsije i Aaron učinili što im je rečeno, prašina sa zemlje je postala komarci kroz cijelu Egipatsku zemlju.

Čarobnjaci su pokušali sa svojim tajnim vještinama podići

komarce ali oni to nisu mogli učiniti. Oni su konačno shvatili da se to nije moglo učiniti sa moći čovjeka i to su priznali kralju.

„*To je prst Božji!*" (Izlazak 8:19).

Do sada, čarobnjaci su mogli činiti slične stvari kao mijenjati štap u zmiju, mijenjati vodu u krv i donijeti žabe. Ali nisu mogli više činiti takve stvari.

Konačno, oni su morali priznati moć Boga koja je prikazana kroz Mojsija. Ali faraon je još uvijek otvrdnio svoje srce i nije slušao Mojsija.

Duhovno značenje pošasti komaraca

U Hebrejskom termin „Kinim" je različito preveden u „uši, muhe ili komarce." Takvi insekti su generalno mali insekti koji žive u nečistim mjestima. Oni se drže za tijelo čovjeka ili životinje i sišu krv. Obično ih se nalazi u kosi, odjeći ili krznu životinja. Postoji više od 3300 različitih vrsta komaraca.

Kada sišu krv iz ljudskog tijela, to svrbi. To također može izazvati sekundarnu infekciju kao što je povratna groznica ili eruptivan tifus.

Danas, u čistim gradovima mi ne možemo lako naći komarce, ali bilo je mnogo takvih insekata koji žive na ljudskom tijelu zbog manjka higijene.

Onda, što je duhovno značenje pošasti komaraca?

Prašina sa zemlje se pretvorila u komarce. Prašina je jako mala stvar koja se može otpuhati sa našim dahom. Veličine je od 3-4μm (mikrometar) do 0,5 mm.

Baš kao što skoro beznačajna stvar kao prašina postaje živi komarac koji siše krv i daje poteškoće i patnje, pošast komaraca simbolizira slučajeve u kojima male stvari koje su bile pod površinom kao ništa, odjednom izrastu i narastu u velike probleme koji daju velike patnje i bolove.

Obično, svrab je relativno manja bole od boli drugih bolesti, ali je jako iritantna. Isto tako, kako komarci žive u nečistim mjestima, pošast komaraca će doći na mjesto gdje ima oblik zla.

Na primjer, malo svađanja između braće ili među mužem i ženom se može razviti u veliku svađu. Kada oni pričaju o malim stvarima koje su se dogodile u prošlosti, to se također može razviti u veliku svađu. To je također pošast komaraca.

Kada takvi oblici zla kao što su zavist i ljubomora u srcu narastu pa postanu mržnja, kada netko ne uspije zadržati svoj temperament i naljuti se na nekoga, kada se jedna mala laž razvije u veliku laž u trudu da bi se sakrila, to su sve primjeri pošasti komaraca.

Ako postoji prikriveni oblik zla u srcu, onda ta osoba ima nepogode u svojem srcu. On može misliti da je kršćanski život težak. Manja bolest može pasti na njega. Te stvari su također pošast komaraca. Ako mi odjednom imamo groznicu ili

Pošasti krvi, žaba i komaraca · 45

prehladu, ili ako imamo male svađe ili probleme, mi bi se brzo trebali zagledati nazad na sebe i pokajati se.

Sad, što znači da su komarci bili na životinjama? Životinje su također živa bića i u to vrijeme, broj životinja, zajedno sa zemljom, je bila mjera koliko je osoba bila bogata. Kralj, ministri i ljudi su imali vinograde i uzgajali su stoku.

Danas, što su naša imanja? Ne samo kuće, zemlja, tvrtka ili naš posao nego i naši članovi obitelji pripadaju kategoriji našeg „imanja." Pošto su životinje živa bića, to se odnosi na članove obitelji koji žive skupa.

„Komarci su na ljudima i životinjama" znači da su mali problemi narasli, pa ne samo mi nego i naši članovi obitelji pate.

Takvi primjeri su slučajevi gdje djeca pate zbog toga što su roditelji učini, ili muž pati zbog krivnje svoje žene.

U Koreji, mnoga mala djeca pate od atopijskog dermatitisa. Prvo počinje sa malo svraba i uskoro se raširi preko cijelog tijela i uzrokuje izlučivanje sa kože i čireva.

U ozbiljnim slučajevima, neka dječja koža puca od glave do pete i izlučuje. Kako njihova koža puca, prekrivena je sa gnojem i krvi.

Roditelji, kada vide svoje dijete u takvoj situaciji, postaju slomljena srca zbog činjenice da oni zapravo ne mogu ništa učiniti za svoje dijete.

Isto tako, kada se roditelj naljuti, njihovo malo dijete odjednom dobije groznicu. U mnogim slučajevima, bolest male djece je često uzrokovana pogreškama njihovih roditelja.

U ovim situacijama, ako roditelji provjere svoje živote i pokaju se zbog neispunjavanja svojih dužnosti ispravno, jer nemaju mira sa drugima, i bilo što što nije ispravno u vidu Boga, njihova djeca će se uskoro ozdraviti.

Mi možemo vidjeti da je to također Božja ljubav koja dozvoljava da se takve stvari dogode. Pošast komaraca dolazi na nas kada mi imamo oblike zla. Prema tome, mi ne bi trebali smatrati čak i male stvari kao slučajnosti, nego otkriti oblike za u nama, i brzo se pokajati i okrenuti od njih.

Poglavlje 4

Pošasti muha, kuge i čireva

Izlazak 8:21-9:11

„I Gospod učini tako. Te dođoše rojevi obada u velikoj množini u palaču faraonovu, u stan sluga njegovih i na svu zemlju egipatsku. Zemlja je teško trpjela pod obadima" (8:24).

„Ruka će Gospodnja ošinuti stoku tvoju u polju, konje, magarce, deve, goveda i ovce kugom veoma teškom. A Gospod će razlikovati stoku izraelsku od stoke egipatske, tako da od svega, što pripada sinovima Izraelovim, neće poginuti ni jedan komad" (9:3, 6).

„Oni uzeše pepela iz peći i stupiše pred faraona, i Mojsije ga razasu prema nebu, i nastadoše mjehuri, što se provališe u čirove na ljudima i na stoci. A čarobnjaci ne mogoše da se pokažu pred Mojsijem od čirova, jer se mjehuri bili provalili na čarobnjacima kao na svim Egipćanima" (9:10-11).

Egipatski čarobnjaci su prepoznali moć Boga nakon što su vidjeli pošast komaraca. Ali faraon je još uvijek otvrdnio svoje srce i nije slušao Mojsija. Moć Boga koja je prikazana do sada je bila dovoljna da on povjeruje u Boga. Ali on se samo pouzdao u svoju snagu i autoritet i sebe je smatrao bogom, te se nije bojao Boga.

Pošasti su se nastavile, ali on se nije pokajao nego je otvrdnio svoje srce još više. Prema tome, pošasti su također postale veće. Do ove točke gdje je bilo pošasti komaraca, mogli su se oporaviti odmah ako su se okrenuli nazad. Ali na toj točki postajalo je sve teže oporaviti se.

Pošast muha

Mojsije se susreo sa faraonom rano ujutro prema riječi Boga. On je još jednom predao poruku Boga da pusti ljude Izraela.

> *Tada zapovjedi Gospod Mojsiju: „Sutra posve rano stupi pred faraona, kad ide k vodi, i reci mu: 'Ovako veli Gospod: Pusti narod moj, da mi služi!'"* (Izlazak 8:20).

Unatoč tome, faraon nije poslušao Mojsija. To je prouzrokovalo pošast muha koja je pala na njih, ne samo na palaču faraona i kuće ministara, nego i kroz zemlje Egipta. Zemlja je bila puna muha.

Muhe su štetne. One raznose razne bolesti kao što su tifus, kolera, tuberkuloza i kuga. Obična kućna muha se može razmnožavati bilo gdje, čak i na tjelesnom otpadu i smeću. One jedu sve bilo da je otpad ili hrana. Njihova je probava brza i izbacuju otpad svakih pet minuta.

Različite vrste patogenih organizama mogu ostati na ljudskoj hrani ili priboru za jelo i može ući u ljudsko tijelo. Njihova usta i njihove noge su prekrivene tekućinom koja također može prenositi patogene organizme. Oni su jedan od najvećih uzroka zaraznih bolesti.

Danas, mi imamo mnoge preventivne mjere i lijekove i nema mnogo bolesti koje muhe prenose. Ali davno prije, ako je bilo koja zarazna bolest izbila, mnogo ljude je izgubilo živote. Isto tako, osim zaraznih bolesti, ako muha sjedi na hrani koju jedemo, bit će ju teško jesti jer nije čista.

I ne samo jedna ili dvije muhe, nego nebrojene muhe prekrivaju cijelu zemlju Egipta. Kako je to bolno moralo biti za ljude! Morali su biti uplašeni kad su promatrali scenu oko sebe.

Cijela zemlja Egipta je bila oštećena sa strašnim rojevima muha. Činilo se da je ne samo pobuna faraona nego i svih Egipćana širila preko cijele zemlje Egipta.

Ali da bi se učinila jasna razlika između Izraelaca i Egipćanina, nije bilo muha koje su poslane u zemlju Gošen gdje su Izraelci živjeli.

„Idite, žrtvujte Bogu svojemu ovdje u zemlji!"
(Izlazak 8:25).

Prije nego je Bog dao prvu pošast, On im je zapovjedio da Mu daju žrtvu u divljini, ali je faraon rekao da daju žrtvu Bogu unutar zemlje Egipta. Sada, Mojsije je odbio taj prijedlog i rekao mu razlog.

To ne možemo činiti, jer prinosimo Gospodu, Bogu svojemu, žrtve, koje su Egipćanima nečiste. Kad bismo pred očima Egipćana prinosili žrtve, koje su njima mrske, ne bi li nas na mjestu kamenovali?
(Izlazak 8:26).

Mojsije je nastavio govoriti da će oni otići u divljini tri dana i samo slijediti naredbe Boga. Faraon mu je rekao da ne ide daleko i da se također moli za njega.

Mojsije rekao faraonu da će muhe nestati slijedeći dan, i pitao da bude vjeran sa svojim riječima i da pusti Izraelce.

Ali nakon što su muhe nestale nakon Mojsijeve molitve, faraon je promijenio svoje mišljenje i nije pustio Izraelce. Kroz ovo možemo razumjeti kako je on bio varljiv i lukav. Također možemo vidjeti zašto se iznova suočavao sa pošastima.

Duhovno značenje pošasti muha.

Baš kao što muhe dolaze sa nečistih mjesta i prenose zarazne bolesti, ako je srce čovjeka zlo i nečisto, on će pričati zle riječi, i prouzrokovati razne bolesti ili probleme koji će doći na njega. Ovo je pošast muha.

Ova vrsta pošasti, kada dođe, ne dolazi samo na jednog nego i na njegovu ženu/ njenog muža i radno mjesto.

Po Mateju 15:18-19, „*A što dolazi iz usta, izlazi iz srca, i to čini čovjeka nečistim. Jer iz srca dolaze zle misli, ubojstvo, preljuba, bludnost, krađa, lažno svjedočanstvo, hula na Boga.*"

Što god je u čovječjem srcu izlazi kroz usne. Od dobrog srca, dobre riječi izlaze, ali od nečistog srca, nečiste riječi izlaze. Ako imamo nepravednost i lukavost, mržnju i ljutnju, ta vrsta riječi i djela će izaći.

Blaćenje, suđenje, osuđivanje i proklinjanje sve dolazi iz zlog i nečistog srca. Zato po Mateju 15:11 govori, „*Što ulazi u usta, ne čini čovjeka nečistim, nego što izlazi iz usta, to čini čovjeka nečistim.*"

Čak i nevjernici govore stvari kao, „Riječi padaju kao sjeme," ili „Jednom kad proliješ vodu, ne možeš je više vratiti nazad."

Ne možeš samo poništiti što si rekao. Posebno u kršćanskom životu, ispovijed usana je jako važna. Prema vrsti riječi koje kažeš, bilo da su pozitivne ili negativne, mogle bi imati različit rezultat na tebi.

Ako imamo običnu prehladu ili jednostavnu zaraznu bolest,

to pripada kategoriji pošasti komaraca. Pa, ako se odmah pokajemo, mi se možemo oporaviti. Ali iz slučaja pošasti muha, mi se ne možemo odmah oporaviti čak i ako se pokajemo. Pošto je to prouzrokovano većim zlom od kletve pošasti komaraca, mi se moramo susresti sa odmazdom.

Prema tome, ako smo suočeni sa pošasti muha, mi se moramo zagledati nazad i pokajati se temeljito zbog zlih riječi i takvih stvari. Tek nakon što se pokajemo problem može biti riješen.

U Bibliji mi možemo naći ljude koji su primili odmazdu zbog svojih zlih riječi. Bio je to slučaj sa Mikelom, kćeri kralja Saula i ženom kralja Davida. U 2. Samuelovoj poglavlje 6 kada je kovčeg GOSPODA Boga vraćena u Davidov grad, David je bio tako sretan da je plesao pred svima.

Kovčeg GOSPODA je bio simbol Božje prisutnosti. Filistejci su ga uzeli tijekom vremena sudaca ali je vraćen. Nije mogao ostati u tabernakulu i privremeno je ostao u Kiriath-jearim sedamdeset godina. Nakon što je David uzeo prijestolje, mogao je pomaknuti Kovčeg u tabernakul u Jeruzalem. On je bio presretan.

Ne samo David nego svi ljudi Izraela su se radovali zajedno i slavili Boga. Ali Mikela, koja se trebala radovati zajedno sa svojim suprugom, samo je gledala dolje na kraja i prezirala ga.

„Kako se je danas časno ponio kralj Izraelov! kad se je otkrio pred sluškinjama sluga svojih, kao što čine nitkovi!" (2. Samuelova 6:20).

Onda, što je David rekao?

„Pred Gospodom, koji me je izabrao pred ocem tvojim i cijelom kućom njegovom i odredio me za kneza nad narodom Gospodnjim, nad Izraelom, jest, pred Gospodom hoću igrati, Pa makar se ja morao još više poniziti i još manji biti u očima svojim. Ali kod sluškinja, o kojima govoriš, kod njih ću se još časniji pokazati" (2. Samuelova 6:21-22).

Jer je Mikela govorila tako zle riječi, ona nije imala dijete do dana svoje smrti.

Isto tako, ljudi čine tako teške grijehe sa svojim usnama, ali oni čak ni ne shvaćaju da su te riječi grijeh. Zbog bezakonja usana, odmazda za grijehe dolazi na radno mjesto, tvrtku i obitelj ali oni čak ni ne shvaćaju zašto. Bog nam također govori važnost riječi.

Zlu je čovjeku zamka u grijehu usana njegovih, a pravednik izmakne tjeskobi. Od ploda riječi svojih nasitit će se svaki obilno; po djelu ruku njegovih plaća se čovjeku (Mudre izreke 12:13-14).

Od ploda riječi svojih nasitit će se svaki obilno; nevjernome čovjeku hoće se nasilja. Tko čuva usta svoja, čuva život svoj; tko razvaljuje usne svoje, propada (Mudre izreke 13:2-3).

Smrt i život u vlasti jezika; tko ga upotrijebi marljivo, uživat će plod njegov (Mudre Izreke 18:21).

Trebali bismo shvatiti kakvu posljedicu prouzrokuju zle riječi iz naših usana, tako da bi mi pričali samo pozitivne riječi, dobre i prekrasne riječi, riječi pravednosti i svjetla i ispovijedi vjere.

Pošast kuge

Čak i nakon patnje pošasti muha, faraon je još uvijek otvrdnio svoje srce i odbio pustiti Izraelce. Onda, Bog je dozvolio da se dogodi pošast kuge.

Također u to vrijeme, Bog je poslao Mojsija prije nego On pusti pošast. On je poslao Mojsija da prenese Njegovu volju.

„Ako ga ne htjedneš pustiti i još ga dulje budeš zadržavao. Ruka će Gospodnja ošinuti stoku tvoju u polju, konje, magarce, deve, goveda i ovce kugom veoma teškom. A Gospod će razlikovati stoku izraelsku od stoke egipatske, tako da od svega, što pripada sinovima Izraelovim, neće poginuti ni jedan komad" (Izlazak 9:2-4).

Da bi im dozvolio da shvate da to nije slučajnost nego pošast koju je Bog donio, On je postavio ograničeno vrijeme, govoreći, „Sutra će GOSPOD učiniti tu stvar u zemlji." Na ovaj način On im je nastavio davati šansu da se pokaju.

Da je on priznao moć Boga čak i malo, faraon bi promijenio mišljenje i ne bi patio više pošasti.

Ali on nije promijenio mišljenje. Kao rezultat, kuga je pala na njih, i stoka koja je bila na polju-konji, magarci, deve, stada i jata-su umrla.

U suprotnom, niti jedna stoka Izraelaca nije umrla. Bog im je dozvolio da shvate da je Bog živ i da ispunjava Svoju riječ. Faraon je znao tu činjenicu jako dobro, ali je on ipak otvrdnio svoje srce i nije promijenio svoje mišljenje.

Duhovno značenje pošasti kuge

Kuga je bilo koja bolest koja se brzo širi i ubija veliki broj ljudi ili životinja. Sada, sva je stoka u Egiptu umrla i mi možemo zamisliti kolika je to šteta bila.

Na primjer, crna smrt ili bubonska kuga, koja je prevladavala u Europi u četrnaestom stoljeću, je zapravo bila epidemija koja se dogodila životinjama kao što su vjeverice ili štakori. Ali je bila proširena na ljude kroz muhe koje su uzrokovale mnogo smrti. Jer je bila tako zarazna i medicinska znanost nije bila toliko razvijena, odnijela je puno ljudskih života.

Stoka kao stada krava, konja, ovaca i koza su bile veliki dio bogatstva ljudi. Prema tome, stoka simbolizira imanja faraona, ministara i ljudi. Stoka su žive stvari i u današnjem smislu, to se odnosi na naše članove obitelji, kolege i prijatelje koji ostaju u našim kućama, radnom mjestu ili tvrtci.

Uzrok kuge u Egipatskoj stoci je bila faraonova opakost. Prema tome, duhovno značenje pošasti kuge je da će bolest pasti na naše članove obitelji ako prikupimo zlo i Bog okrene svoje lice.

Na primjer, kada roditelji ne poslušaju Boga, njihovo voljeno dijete može dobiti bolest koja se teško može izliječiti. Ili, zbog opakosti supruga, njegova žena može postati bolesna. Kada ova vrsta pošasti padne na nas, ne trebamo samo mi pogledati iza na sebe nego svi članovi obitelji bi se trebali zajedno pokajati.

Od Izlaska 20:4 na dalje, kaže da će odmazda za idolatriju ići tri do četiri generacije.

Naravno, Bog ljubavi neće samo kazniti sve slučajeve. Ako su djeca dobra u srcu, prihvate Boga i žive u vjeri, oni neće sresti pošasti prouzrokovane grijehom njihovih roditelja.

Ali ako djeca akumuliraju još zla na zlo koje su naslijedili od svojih roditelja, oni će se susresti sa posljedicama svojih grijeha. U mnogim slučajevima, ona djeca koja su rođena u obiteljima koja štuju idole tako puno su rođena sa nasljednim invaliditetom ili imaju mentalne poremećaje.

Neki ljudi imaju sretne privjeske koji su postavljeni na zidove kuća. Neki drugi štuju idole Bude. Drugi pak stavljaju svoje ime u Budistički hram. U ovakvoj vrsti ozbiljnog idolatrije, čak i ako oni samo ne pate od pošasti, njihova djeca će imati probleme.

Prema tome, roditelji bi uvijek trebali boraviti u istini tako da grijeh neće preći na njihovu djecu. Ako bilo tko od članova obitelji dobije bolest koja se teško liječi, oni se moraju provjeriti je li pouzrokovana sa njihovim grijehom.

Pošast čireva

Faraon je gledao smrt Egipatske stoke i poslao je nekog da pogleda što se događa u zemlji Gošen gdje su Izraelci živjeli. Za razliku od ostalih Egiptaskih zemalja, nijedna stoka u Gošenu nije umrla.

Čak i nakon što je iskusio nepreciv rad Boga faraon se nije okrenuo.

> *Kad se faraon raspita, izađe na vidjelo, da od stoke Izraelske ne uginu ni jedan komad. Ipak srce faraonovo ostade otvrdnuto, i on ne pusti naroda* (Izlazak 9:7).

Konačno, Bog je rekao Mojsiju i Aaronu da uzmu svaki šaku čađe iz pržionice i neka je Mojsije baci prema zraku u faraonovom vidu. Kad su učinili što im je Bog rekao, to je postalo čirevi koji su izbijali sa ranama na čovjeku i zvijeri.

Čir je lokalizirano naticanje i upala kože koja proizlazi iz infekcije dlake i okolnog tkiva, koja ima tvrdu centralnu jezgru i koja proizvodi gnoj.

U ozbiljnom slučaju, osoba možda mora imati operaciju. Neki od čireva su veći od 10 cm u promjeru. Natiče i uzrokuje visoku temperaturu i umor, a neki ljudi ne mogu ni hodati dobro. To je jako bolna stvar.

Ti čirevi su bili na ljudima i životinjama, te čak ni čarobnjaci nisu mogli stajati pred Mojsijem zbog čireva.

U slučaju kuge, samo je stoka umrla. Ali u slučaju čireva, nisu samo životinje nego su i ljudi patili.

Duhovno značenje pošasti čireva

Kuga je unutarnja bolest, ali čirevi se vide izvana kada je nešto iznutra postalo ozbiljnije.

Na primjer, mala stanica raka naraste i onda konačno, pokazuje se izvana. Isto je sa cerebralnom apopleksijom ili paralizom, plućnim bolestima i AIDS-om.

Te bolesti se obično nalaze u onim ljudima koji imaju tvrdoglav karakter. Možda može biti drugačije u svakom slučaju, ali mnogi od njih su kratkog temperamenta, arogantni, ne opraštaju drugima i misle da su oni najbolji. Isto tako, oni insistiraju da je njihovo mišljenje najbolje i ignoriraju druge. To je sve zbog manjka ljubavi. Pošast dolazi zbog drugog razloga.

Nekada, mi se možemo čuditi, „On izgleda jako nježno i dobro, pa zašto on pati od takve bolesti?" Ali iako netko može izgledati nježno izvana, on ne mora biti takav u vidu Boga.

Ako je on sam tvrdoglav, to je vjerojatno zbog velikog grijeha koji su njegovi predci počinili (Izlazak 20:5).

Kada pošast dođe na člana obitelj, problem će se riješiti kada se svi članovi obitelji zajedno pokaju. Kroz to, ako oni postanu mirna i prekrasna obitelj, to će postati blagoslov za njih.

Bog kontrolira život, smrt, sreću i nesreću čovjek prema Njegovoj pravdi. Pa, nijedna pošast ili katastrofa ne dolazi bez razloga (Ponovljeni zakon 28).

Isto tako, čak i kad djeca pate zbog grijeha svojih roditelja ili predaka, osnovi razlog je u samoj djeci. Čak i ako roditelji štuju idole, ako djeca žive prema riječi Boga, Bog će ih štiti, tako da pošasti neće pasti na njih.

Odmazda za grijehe idolatrije predaka ili one roditelja dolazi na djecu jer sama djeca ne žive prema riječi Boga. Ako oni žive u istini, Bog pravde ih štiti, tako da neće imati problema.

Jer je Bog ljubav, On smatra jednu dušu vrjednijom od cijelog svijeta. On želi da svaka osoba primi spasenje, živi u istini i odnese pobjedu u ovom životu.

Bog nam dozvoljava pošasti ne da nas otjera na uništenje nego da nas vodi prema pokajanju naših grijeha i okrene nas od njih prema Svojoj ljubavi.

Pošast krvi, žaba i komaraca je uzrokovano radom Sotone, te su one relativno slabe. Pa, ako se pokajemo i okrenemo, one će se lako riješiti.

Ali pošast muha, kuga i čirevi su ozbiljnije i one direktno diraju naša tijela. Prema tome u ovim slučajevima mi moramo pokidati naša srca i pokajati se jako temeljito.

Ako patimo od bilo koje od ovih pošasti, mi ne bismo trebali kriviti nijednu drugu osobu. Umjesto toga, moramo biti dovoljno mudri da pogledamo u sebe prema riječi Boga i pokajemo se za bilo što što nije uredu u vidu Boga.

Poglavlje 5

Pošasti tuče i skakavaca

Izlazak 9:23-10:20

I Mojsije pruži štap svoj prema nebu, i Gospod pusti gromove i tuču. Munje su padale na zemlju, i Gospod je pustio da padne tuča na zemlju egipatsku. Padala je tuča, i munje su se neprestano miješale s tučom; bilo je tako strašno, kako se nije još nikada doživjelo u zemlji egipatskoj, otkad su u njoj nastanjeni ljudi (9:23-24). Mojsije pruži štap svoj na zemlju egipatsku, i Gospod učini, da je cijeli dan i cijelu no duvao istočni vjetar nad zemljom, Kad osvanu jutro, bio je istočni vjetar nanio skakavce. Skakavci padoše na svu zemlju egipatsku i spustiše se u silnome mnoštvu na sve krajeve egipatske. Nikada prije nije tu bilo toliko skakavaca, niti će ih ikada toliko biti (10:13-14).

Oni roditelji koji stvarno vole svoje dijete neće odbiti discipliniratii li pljusnuti svoje dijete. Želja je roditelja voditi svoju djecu pravim putem.

Kada djeca ne slušaju učenja svojih roditelja, oni nekada moraju koristiti šibu tako da djeca to imaju na umu. Ali bol u roditeljskom srcu je veća od fizičke boli djeteta.

Bog ljubavi također nekada okreće Svoje lice da bi dozvolio pošast ili probleme tako da će se njegova voljena djeca moći pokajati i okrenuti.

Pošast tuče

Bog je mogao poslati veliku pošast od početka da bi natjerao faraona u podčinjenje. Ali Bog je strpljiv, On trpi dugo vremena. On je pokazao Svoju moć i vodio faraona i njegove ljude da prihvate Boga, počevši sa manjom pošasti.

> *Premda sam već do sada bio mogao ruku svoju pružiti i tebe s narodom tvojim udariti kugom, da te više ne bude na zemlji. Ostavio sam te ipak naumice na životu, da osjetiš moć moju, i da se ime moje slavi po svoj zemlji. Ako još dalje budeš zadržavao narod moj i ne pustiš ga. Ja ću sutra u ovo doba pustiti tuču veoma tešku, kakve nije bilo u Egiptu od onoga dana, kad postade, do danas (Izlazak 9:15-18).*

Pošasti postaju sve veće i veće, ali se faraon još uvijek uzvisio protiv Izraelaca i nije ih puštao. Sada, Bog je dozvolio sedmu pošast, pošast tuče.

Bog je dozvolio faraonu da zna kroz Mojsija da će biti tako teška tuča kakva nije bila u Egiptu od njegova osnutka. I Bog je dao šanse tako da se ljudi i životinje mogu skloniti unutra. On ih je upozorio prije nego se dogodilo da ako bilo koji čovjek ili životinja ostane vani, oni će umrijeti zbog tuče.

Neke sluge faraona su se bojale riječi GOSPODA i naredili su svojim slugama da sklone životinje i sebe u kućama. Ali mnogi drugi se svejedno nisu bojali riječi Boga i nisu se brinuli.

A tko nije mario za prijetnju Gospodnju, ostavi družinu svoju i stoku svoju u polju (Izlazak 9:21).

Slijedeći dan Mojsije je ispružio svoj štap prema nebu i Bog je poslao munje i tuču. Vatra je padala prema zemlji. Zasigurno je trebala uništiti ljude, životinje, drveća i biljke na polju. Kako je ovo velika pošasti!

Ali u Izlasku 9:31-32 govori, *„Tako propade lan i ječam, jer je ječam bio već u klasu i lan u cvijetu. A pšenica i raž ne propadoše, jer kasnije dolaze."* Dakle, šteta je bila djelomična.

Sve Egipatske zemlje su patile veliku štetu zbog tuče sa vatrom, ali ništa takvo se nije dogodilo u zemlji Gošen.

Duhovno značenje pošast tuče

Normalno tuča pada bez prijašnjeg nagovještaja. Obično ne pada na velikim područjima nego na relativno malim lokalnim područjima.

Prema tome, pošast tuče simbolizira neku veliku stvar koja se dogodila u jednom djelu, ali ne u svim aspektima.

Bila je tuča sa vatrom koja je trebala ubiti ljude i životinje. Biljke u polju su oštećene, te nije bilo hrane. To je slučaj kada ima velike štete na nečije bogatstvo zbog nepredviđenih nesreća.

Netko se može susresti sa velikim gubitkom zbog vatre na svojem radom mjestu ili poslu. Član obitelji može imati bolest ili biti u nesreći i može koštati bogatstvo da bi se brinulo za njega.

Na primjer, zamisli osobu koja je vjerna Gospodu, ali se počinje koncentrirati na svoj posao tako puno da je preskočio nedjeljnu misu nekoliko puta. Kasnije završi tako da uopće ne svetkuje dan Gospodnji.

Zbog toga, Bog ga ne može štiti, i on se suočava sa velikim problemima u poslu. On se također može suočavati sa nepredviđenim nesrećama ili bolestima i to ga košta bogatstvo. Ova vrsta slučaja je kao pošast tuče.

Većina ljudi smatra svoje bogatstvo vrijedno kao njihovi životi. U 1. Timotejevoj 6:10 piše da je ljubav novca korijen svih zala. Zato što želja za novcem rezultira u ubojstvima, pljačkama, otmicama, nasilju i mnogim drugim zločinima. Nekada veze među braćom su slomljene i sporovi se događaju među susjedima zbog novca. Glavni razlog za sporove među državama su materijalne koristi, budući da oni traže zemlju i resurse.

Čak i neki vjernici ne mogu prevladati želju za novcem, tako da oni ne drže Gospodov dan svetim, ili ne daju pravilne prinose. Pošto ne žive pravilnim kršćanskim životom, oni se udaljavaju od spasenja.

Baš kao što je tuča uništila većinu hrane, pošast tuče simbolizira veliku štetu ljudskom bogatstvu za koje se smatra da je vrijedno kao njihovi životi. Ali, kako tuča pada samo u ograničenim područjima, oni neće izgubiti svoje bogatstvo.

Kroz tu činjenicu, mi također možemo osjetiti ljubav Boga. Ako mi potpuno izgubimo cijelo naše bogatstvo, sve što imamo, onda mi možemo odustati i čak počiniti samoubojstvo. Zbog toga je Bog prvo dotaknuo samo dio.

Iako je samo dio, magnituda je snažna i dovoljna da mi možemo konačno doći do nekakvoga shvaćanja. Posebno, tuča koja je padala u Egiptu nisu bili mali komadići leda. Bili su dosta veliki i brzina je također bila velika.

Čak i danas novine izvještavaju o tuči veličine golf loptica koja uzrokuje alarme i iznenađuje mnoge ljude. Tuča koja je padala u Egiptu je došla sa posebnim radom Boga i također je padala sa vatrom. To je bio jako strašljiv događaj.

Pošast tuče je došla na njih jer je faraon gomilao zlo na zlo. Ako imamo otvrdnuta i tvrdoglava srca mi ćemo se također susretati s takvom vrstom pošasti.

Pošast skakavaca

Drveće i biljke su bile oštećene i životinje te čak i ljudi su umrli zbog tuče. Faraon je konačno priznao svoju krivnju.

> *Tada posla faraon, dozva Mojsija i Arona i reče im: „Sagriješih ovaj put. Gospod je u pravu, a ja i narod moj krivi smo"* (Izlazak 9:27).

Faraon se pokajao na žuran način i pitao Mojsija da zaustavi tuču.

> *Pomolite se Gospodu; jer je više nego dosta toga groma strašnoga i tuče, hoću vas pustiti. Ne trebate više ovdje ostati* (Izlazak 9:28).

Mojsije je znao da faraon još uvijek nije promijenio svoje mišljenje, ali da bi mu dopustio da shvati o živom Bogu i da je cijeli svijet u Njegovim rukama, on je podigao svoje ruke prema nebu.

Kao što je Mojsije očekivao, nakon što je kiša, gromovi i tuča stali, faraon je promijenio svoje misli. Jer se nije promijenio iz dubine svojeg srca, on je otvrdio svoje srce opet i nije pustio Izraelce.

Faraonovi sluge su također očvrsnuli svoja srca. Onda, Mojsije i Aaron su im rekli da će se dogoditi pošast skakavaca kao što je Bog rekao, te su ih upozorili da će to biti jedna od najvećih pošasti koja se ikad dogodila na svijetu.

Oni će pokriti površinu zemlje, tako da se neće više vidjeti zemlja (Izlazak 10:5).

Samo su tada sluge faraona imali straha i rekli svojem kralju, *"Pusti ljude, oni mogu služiti Gospodu kao svojem Bogu. Ne shvaćaš li da je Egipat uništen?"* (Izlazak 10:7).
Na riječi svojih sluga, faraon je ponovo pozvao Mojsija i Aarona. Ali Mojsije je rekao da će oni ići sa njihovim mladima i njihovim starima; sa njihovim sinovima i njihovim kćerkama, sa njihovim stadima i jatima, jer oni moraju održati gozbu GOSPODU.
Faraon je rekao da su Mojsije i Aaron zli i samo ih je istjerao.
Konačno, Bog je dozvolio osmu pošast, pošast skakavaca.

Tada zapovjedi Gospod Mojsiju: "Pruži ruku svoju na zemlju egipatsku, da zazoveš skakavce! Neka dođu na zemlju egipatsku i pojedu sve bilje poljsko u zemlji, sve, to preostade od tuče!" (Izlazak 10:12).

Kada je Mojsije učinio što je Bog rekao, Bog je pokrenuo istočni vjetar na zemlju cijeli taj dan i cijelu tu noć; i kada je došlo jutro, istočni vjetar je donio skakavce.
Skakavci su bili tako brojni da je zemlja postala mračna. Oni su pojeli sve biljke u Egiptu koje je tuča ostavila, pa u Egiptu nije bilo ničeg zelenoga.

Sagriješih Gospodu, Bogu vašemu, i vama. Ali oprostite mi grijeh moj samo još ovaj put! Molite se Gospodu, Bogu vašemu, da ukloni od mene barem ovu smrt! (Izlazak 10:16-17).

Kada je njegova briga ostvarena, faraon je brzo pozvao Mojsija i Arrona da učini zahtjeva da prekinuti pošast. Kada je Mojsije otišao i molio se Boga, došao je snažan zapadni vjetar i odnio sve skakavce u Crveno more. I nije bilo skakavaca u zemljama Egipta. Ali čak i ovog puta, faraon je otvrdnio svoje srce i nije pustio Izraelce.

Duhovno značenje pošasti skakavaca

Jedan skakavac je mali insekt, ali kada se skupe u veliki roj to je razarajuće. U trenutak, Egipat je skoro potpuno uništen sa skakavcima.

Skakavci padoše na svu zemlju egipatsku i spustiše se u silnome mnoštvu na sve krajeve egipatske. Nikada prije nije tu bilo toliko skakavaca, niti će ih ikada toliko biti. Oni pokriše površinu cijele zemlje, tako da se više nije vidjela zemlja, i pojedoše sve bilje u polju i sav plod na drveću, što preostade od tuče; ništa zeleno ne ostade na drveću i na bilju poljskom po svoj zemlji egipatskoj (Izlazak 10:14-15).

Čak i danas, mi možemo naći ovakve rojeve u Africi ili Indiji. Skakavci se šire do 40 km u širinu i 8 km u dubinu. Stotine milijuna dolaze kao oblak i jedu ne samo usjeve, nego također sve biljke i lišće; ne ostavljaju ništa zelene vegetacije iza sebe.

Nakon pošasti tuče, bilo je još nekih stvari koje su ostale. Pšenica i raž nisu bili uništeni, jer niču kasnije. Isto tako, neki sluge faraona koji su se bojali riječi Boga rekli su svojim slugama da se sklone u kuće zajedno sa životinjama i nisu bili uništeni.

Skakavci možda ne izgledaju kao nešto jako, ali šteta je puno veća od pošasti tuče. Oni pojedu čak i stvari koje su ostale.

Prema tome, pošast skakavaca se odnosi na vrstu katastrofe koja ne ostavlja ništa iza sebe, uzimajući sve bogatstvo i imanje osobe. Ne uništava samo obitelj nego i radno mjesto i posao.

Za razliku od pošasti tuče koja nam je dala djelomičnu štetu, pošast skakavaca je uništila sve i uzela sve novce. Drugim riječima, osoba će biti potpuno financijski uništena.

Na primjer, zbog bankrota, netko izgubi sve svoje bogatstvo i on je odvojen od svojih članova obitelji. Osoba također može patiti od dugotrajne bolesti i izgubiti sve svoje bogatstvo. Može biti drugi koji ima veliku količinu duga jer su njegova djeca zastranila.

Kada se suočavaju sa trajnim bolestima, neki ljudi mogu misliti da je to neka vrsta slučajnosti, ali nema slučajnosti u vidu Boga. Kada se osoba suočava sa štetom ili dobije bolest, mora postojati razlog.

Što znači ako vjernici se suočavaju sa ovom vrstom katastrofe?

Kada oni čuju riječ Boga i spoznaju volju Boga, oni moraju držati riječ. Ali ako se nastave ponašati zlo kao nevjernici, oni ne mogu izbjeći te pošasti. Ako oni ne shvate kada im je Bog pokazao neke znakove nekoliko puta, Bog će okrenuti Svoje lice od njih. Onda, bolest se može razviti u kugu, ili čirevi mogu izaći. Kasnije, oni se se susresti sa pošasti kao pošast tuče ili skakavaca.

Ali mudri će shvatiti da je to ljubav Boga koja nam dopušta da shvate svoju krivnju kada susretnu male katastrofe. Oni će se brzo pokajati da bi izbjegli velike pošasti.

Postoji priča iz stvarnog života. Jedna osoba pati od velikih poteškoća jer je jednom razljutio Boga. Jedan dan, zbog vatre, dobio je veliku količinu duga. Njegova žena nije mogla izdržati pritisak vjerovnika i pokušala se ubiti. Međutim u to vrijeme oni su spoznali Boga i počeli su ići u crkvu.

Nakon što su se savjetovali sa mnom, oni su poslušali riječ Boga sa molitvama. Oni su udovoljili Boga čineći volonterski posao u crkvi. Onda, njihovi su se problemi riješili jedan za drugim i više nisu patili zbog vjerovnika. Nadalje, oni su otplatiti sav svoj dug. Čak su uspjeli sagraditi komercijalnu zgradu i kupiti kuću.

Međutim, nakon što su sve njihove poteškoće riješene i kad oni su primili blagoslove oni su promijenili svoja srca. Oni su odbacili milost Boga i postali opet kao nevjernici.

Jedan dan, jedan dio zgrade koju je suprug posjedovao je

propao zbog poplave. Također je ponovo bio požar i on je sve financijski izgubio. Nakon što je opet nakupio veliku količinu duha, oni su se morali vratiti u svoj rodno mjesto na selo. Ali on je također imao vjerovnike i komplikacije zajedno sa tim.

Kao u ovom slučaju, ako smo ostavljeni sa ničim nakon što smo pokušali sve metode sa našim znanjem i mudrosti, mi moramo otići pred Boga sa poniznim srcem. Kako se odrazimo prema riječi Boga, pokajemo naše grijehe i okrenemo, prijašnje stvari će biti razriješene.

Ako imamo vjere doći pred Boga i predati sve stvari u Božje ruke, Bog ljubavi koji ne kida natučenu trsku će nam oprostiti i oporavit ćemo se. Ako se okrenemo i živimo u svijetlu, Bog će nas voditi do prosperiteta još jednom i dati će nam veće blagoslove.

Poglavlje 6

Pošasti tame i smrti prvorođenaca

Izlazak 10:22-12:36

Mojsije pruži ruku svoju prema nebu, i nastade gusta tama po svoj zemlji egipatskoj za tri dana. Ne vidje jedan drugoga i nitko se ne maknu s mjesta svojega za tri dana. Ali svi Izraelci imali su bijeli dan u stanovima svojim (10:22-23).

U po noći dogodi se, da Gospod pobi sve prvorođence u zemlji egipatskoj, od prvorođenca faraonova, koji bi ga imao naslijediti na prijestolju, pa do prvorođenca sužnja, koji je ležao u tamnici, isto tako svako prvenče od stoke. U onoj noći ustade faraon sa svima slugama svojim i sa svima Egipćanima, i nastade velik jauk u Egiptu, jer nije bilo kuće, u kojoj nije ležao mrtvac (12:29-30).

U Bibliji mi možemo naći da kada su se oni suočavali sa poteškoćama mnogi ljudi su se pokajali pred Bogom i primili Njegovu pomoć.

Bog je poslao svojeg proroka kralju Hezekiji u Judeji i rekao „Ti ćeš umrijeti i ne živjeti." Ali kralj se iskreno molio sa suzama, i njegov je život proširen.

Niniva je bio glavni grad Asirije, koja je bila neprijateljska država prema Izraelu. Kada su ljudi tamo čuli riječ Boga kroz Njegova proroka, oni su se temeljito pokajali svojeg grijeha i nisu bili uništeni.

Isto tako, Bog daje Svoju milost onima koji se okrenu. On traži one koji traže Njegovu milost i daje im milost.

Faraon je patio od brojnih pošasti zbog svojeg zla, ali se nije okrenuo do kraja. Što je više otvrdnio svoje srce, veća je pošast dolazila.

Pošast tame

Neki ljudi kažu da nikad ne bi živjeli ako izgube. Oni vjeruju u svoju snagu. Faraon je bio takva vrsta osobe. On se smatrao bogom, i zbog toga nije želio priznati Boga.

Čak i nakon što je vidio da je Egiptastka zemlja uništena, on nije htio pustiti Izraelce. On se ponašao kao da se natječe protiv Boga. Onda, Bog je dozvolio da se dogodi pošast tame.

Mojsije pruži ruku svoju prema nebu, i nastade

> *gusta tama po svoj zemlji egipatskoj za tri dana. Ne vidje jedan drugoga i nitko se ne maknu s mjesta svojega za tri dana. Ali svi Izraelci imali su bijeli dan u stanovima svojim* (Izlazak 10:22-23).

Tama je bila tako debela da oni nisu mogli vidjeti jedan drugoga. Nitko se nije ustajao i micao okolo tri dana. Kako mi možemo izraziti punu mjeru straha i nelagode sa kojom su se oni suočavali tri dana?

Debela tama je prekrila zemlje Egipta i ljudi su morali hodati u sljepoći, ali u zemlji Gošen sinovi Izraela su imali svjetla u svojim prebivalištima.

Faraon je pozvao Mojsija i rekao mu da će osloboditi Izraelce. Ali, on je rekao Mojsiju da ostavi jata i stada i da uzme samo sinove i kćeri. Zapravo je njegova namjera bila zadržati Izraelce.

Ali Mojsije je rekao da oni moraju imati životinje da mogu prinositi žrtve Bogu i da ih oni ne mogu ostaviti jer ne znaju koju od njih će trebati žrtvovati Bogu.

Opet je faraon postao ljut te je čak prijetio Mojsiju govoreći, „Ne gledaj moje lice više, jer na dan kad vidiš moje lice umrijeti ćeš!"

Mojsije je hrabro odgovorio, „Upravu si, nikad više neću vidjeti tvoje lice!" i izašao.

Duhovno značenje pošasti čireva

Duhovno značenje pošasti tame je duhovna tama i odnosti se na pošast pred smrt.

U slučaju u kojemu je bolest postala tako ozbiljna da se osoba ne može oporaviti. To je vrsta pošasti koja dolazi na one koji se ne pokaju čak i nakon što su izgubili sve svoje bogatstvo koje je kao njihov život.

Stajati na pragu smrti je kao stajati na kraju litice u potpunoj tami i nemati nikakav izlaz iz problema. Duhovno, jer je osoba odbacila Boga i potpuno odbacila svoju vjeru, Božja milost mu je oduzeta i njegov duhovni život završava. Ali, Bog još uvijek ima Svoje suosjećanje pri sebi i nije uzeo njegov život.

U slučaju nevjernika, osoba se može susresti sa ovom vrstom situacije jer još uvijek nije prihvatila Boga čak i nakon patnji od mnogih katastrofa. U slučaju vjernika, to je zbog toga što ne drže riječ Boga, nego gomilaju zlo na zlo.

Mi često možemo naći da su ljudi potrošili svoje bogatstvo na liječenje svojih bolesti ali još uvijek čekaju smrt. To su oni koji su pogođeni pošasti tame.

Oni također pate od živčanih problema kao depresija, nesanica i živčani slomovi. Osjećaju bezizlazne poteškoće u nastavku svojeg dnevnog postojanja.

Ako oni to shvate, pokaju se i okrenu od svojih zala, Bog im daje milost i uzima od njih katastrofalnu tjeskobu.

Ali u slučaju faraona, on je otvrdnio svoje srce još više i stao protiv Boga do kraj. Isto je i danas. Neki tvrdoglavi ljudi ne dolaze pred Boga bez obzira koliko je teška situacija. Kada oni ili članovi njihove obitelji budu pogođeni sa nekom ozbiljnom bolesti, izgube sve svoje bogatstvo i sad im je život u opasnosti, oni se ne žele pokajati pred Bogom.

Ako nastavimo stajati protiv Boga čak i među tako mnogo katastrofa, konačno, pošast smrti će nas pogoditi.

Pošasti tame i smrti prvorođenaca

Bog je dozvolio Mojsiju znati što će se slijedeće dogoditi u Izlasku.

> *Još ću jedno jedino zlo pustiti na faraona i na Egipćane. Onda će vas pustiti odavde. Jest, on će vas ne samo bezuvjetno pustiti nego će vas odavde silom otjerati. Stavi živo narodu na srce, neka oni, ljudi i žene, izmole od susjeda svojih dragocjenosti srebrnih i zlatnih!* (Izlazak 11:1-2).

Mojsije je bio u situaciji u kojoj bi on mogao biti ubijen ako stane pred faraona opet, ali on je stao pred faraona da bi dostavio volju Boga.

> *Tada ima umrijeti svaki prvorođenac u zemlji*

egipatskoj, od prvorođenca faraonova, koji bi imao sjediti na prijestolju, do prvorođenca ropkinje kod ručnoga mlina, i svako prvenče od stoke. Tada će se dignuti velik jauk po svoj zemlji egipatskoj, kakva još nikada nije bilo niti će ga ikada biti (Izlazak 11:5-6).

Tada kao što je rečeno, u noći, svi prvorođeni ne samo faraona i njegovih sluga nego svima u Egiptu; i sva stoka je umrla.

Bio je veliki plač u Egiptu, jer nije bilo kuće u kojoj prvorođeni nije bio mrtav. Jer je faraon otvrdnio svoje srce do kraja i nije se okrenuo, pošast smrti je došla na njih.

Duhovno značenje pošasti prvorođenaca

Pošast smrti prvorođenaca se odnosi na situaciju gdje je sama osoba, ili netko koja najviše voli, vjerojatno njegovo dijete, ili jedan među članovima obitelji, umre, ili dođe na put potpunog uništenja i nije u mogućnosti primiti spasenje.

Mi također možemo naći ovakvu vrstu slučaja u Bibliji. Prvi kralj Izraela, Saul nije poslušao riječ Boga govoreći mu da uništi sve u Amaleku. Isto tako, on je pokazao svoju aroganciju nudeći žrtvu Bogu sam, što samo svećenici mogu činiti. Konačno njega je Bog odbacio.

U ovoj vrsti situacije, radije nego shvati svoje grijehe i pokaje se, on je pokušao ubiti svog vjernog slugu Davida. Kada su ljudi slijedili Davida, dublje i dublje je on padao u zlo jer je mislio da će se David pobuniti protiv njega.

Pa, čak i kad je David svirao harfu za njega, Saul je bacio koplje da bi ubio Davida. On je također poslao Davida u borbu za koju je znao da ne može pobijediti. On je čak poslao svoje vojnike do Davidove kuće da bi ga ubio.

Nadalje, samo zato što su pomogli Davidu, on je ubio svećenike Boga. On je sakupio mnoga zla djela. Konačno, on je izgubio borbu i umro jadnom smrti. On se ubio sa svojom rukom.

A što je sa svećenikom Elijom i njegovim sinovima. Elija je bio svećenik u Izraelu u vrijeme sudaca i on je trebao postaviti dobar primjer. Ali njegovi sinovi Hofni i Pinhas su bili bezvrijedni ljudi koji nisu znali Boga (1 Samuelova 2:12).

Budući da je njihov otac bio svećenik, oni su također morali raditi posao služenja Bogu, ali oni su prezirali prinositi žrtve Bogu. Oni su dodirnuli meso žrtve prinosa prije nego je dano Bogu te su čak i lijegali sa ženom koja je služila na vratima šatora susreta.

Ako djeca odu pogrešnim putem, roditelji ih moraju prekoriti, i ako ne slučaju, roditelj mora upotrijebiti oštrije metode da bi zaustavio svoju djecu. To je dužnost i prava ljubav roditelja. Ali svećenik Elija je samo rekao, „Zašto činite te stvari? Ne."

Njegovi se sinovi nisu okrenuli od svojih grijeha i kletva je pala na njegovu obitelj. Njegova dva sina su ubijena u borbi.

Čuvši tu vijest, Elija je pao sa stolice i slomio svoj vrat i umro. Isto tako, njegova snaja je pala u šok pri ranom porodu i u konačnici umrla.

Samo vidjevši te slučajeve, mi možemo razumjeti da kletve ili tragične smrti ne dolaze bez razloga.

Kada osoba živi životom neposluha protiv riječi Boga, on ili netko od članova obitelji će se morati susresti sa smrti. Neki ljudi dolaze pred Boga samo kad vide takve smrti.

Ako se ne okrenu čak i nakon što susreću pošast smrti prvorođenca, oni se ne mogu zauvijek spasiti i to je najveća pošast. Prema tome, prije nego pošast dođe i ako je kletva već došla, moraš se pokajati svojih grijeha prije nego je prekrasno.

U slučaju faraona, samo nakon što je propatio svih deset pošasti on je prihvatio Boga sa strahom i pustio Izraelce.

> *Još u noći dozva on Mojsija i Arona i reče: „Ustajte, idite iz naroda mojega, vi i sinovi Izraelovi! Otidite, služite Gospodu, kao što ste molili! I ovce svoje i goveda uzmite sa sobom, kao što ste zahtijevali! Idite, pa molite i za me blagoslov!"* (Izlazak 12:31-32).

Kroz Dest pošasti, faraon je jasno pokazao svoje otvrdnuto srce i bio je prisiljen pustiti Izraelce. Ali je on to uskoro zažalio. On je opet promijenio svoje mišljenje. Uzeo je svu svoju vojsku i kola Egipatska i krenuo je u potjeru za Izraelcima.

> *On upreže u kola svoja i uze vojsku svoju sa sobom. Šest stotina kola izabrarih i što je god bilo kola u Egiptu povede sa sobom, i na svima ovima najbolje borce. Tako otvrdi Gospod srce faraonu, kralju egipatskomu. On pođe u potjeru za sinovima Izraelvim, a sinovi Izraelovi izađoše pod rukom jakom* (Izlazak 14:6-8).

Bilo je dovoljno da se podčini Bogu nakon što je iskusio smrt prvorođenaca, ali je uskoro zažalio što je pustio Izraelce. Uzeo je vojsku i počeo ih progoniti. Vidjevši ovo, mi možemo shvatiti kako može biti otvrdnuto i lukavo čovjećje srce. Konačno, Bog mu nije oprostio i on nije imao drugog izbora nego mu dati da umre u vodama Crvenog mora.

> *I zapovjedi Gospod Mojsiju: "Pruži ruku svoju na more, da se natrag vrate vode na Egipćane, na kola i sprege njihove!" Kad Mojsije pruži ruku svoju na more, more u osvit dana vrati se natrag na staro mjesto svoje, dok su Egipćani bježali prema njemu. Tako Gospod utjera Egipćane u sredinu mora. Vode se vratiše natrag i potopiše kola i sprege cijele vojske faraonove, što dođoše za njima u more. Ni jedan od njih ne ostade na životu* (Izlazak 14:26-28).

Čak i danas, zli ljudi će moliti za šansu kada su u teškim situacijama. Ali kada im je zapravo dana šansa, oni će se vratiti svojem zlu. Kada zlo nastavlja na ovaj način, oni će se u konačnici sresti sa smrti.

Život neposluha i život poslušnost

Postoji jedna važna stvar koju mi moramo jasno razumjeti; to je kada mi učinimo pogrešno i shvatimo to, mi ne smijemo dodavati zlo sa daljnjim zlom, nego hodati putem pravednosti.

1. Petrova Poslanica 5:8-9 kaže, „*Budite trijezni i bdijte. Jer protivnik vaš, đavao, kao lav ričući obilazi i traži, koga da proždere. Njemu se oduprite tvrdi u vjeri i znajte, da iste muke podnose vaša braća u svijetu!*"

1. Ivnova Poslanica 5:18 govori, „*Znamo, da ni jedan, koji je rođen od Boga, ne griješi; nego koji je rođen od Boga, čuva se, i zli ga se ne dotiče.*"

Prema tome, ako ne počinimo grijeha i živimo savršeno u riječi Boga, Bog će nas zaštiti sa Svojim plamtećim očima, tako da se nećemo morati brinuti o ničemu.

Oko nas, mi možemo vidjeti lica mnogih vrsta katastrofa, ali oni čak ni ne shvaćaju zašto oni susreću mnoge poteškoće. Isto tako, mi možemo vidjeti kako neki vjernici pate od mnogih poteškoća.

Neki se suočavaju sa pošastima krvi ili komaraca, neki drugi sa pošasti tuče ili skakavaca. Drugi pak susreću pošast smrti prvorođenaca, te nadalje, oni susreću pošast vodenog pokopa.

Prema tome, ne bismo trebali živjeti život neposluha kao faraon nego život poslušnosti, tako da nećemo susretati te pošasti.

Čak i ako smo u situaciji gdje možemo izbjeći pošast smrti prvorođenaca ili pošast tame, nama će biti oprošteno ako se pokajemo i okrenemo od grijeha odmah. Baš kao što je Egipatska vojska pokopana u Crvenom moru, ako mi odgađamo i ne okrenemo se, doći će vrijeme kada će biti prekasno.

O životu *poslušnosti*

Ako budeš vjerno slušao Gospoda, Boga svojega, i ako budeš izvršivao zapovijedi njegove, što ti ih dajem danas, uzvisit će te Gospod, Bog tvoj, nad sve narode na zemlji. Svi ovi blagoslovi doći će na te i stignut će te, ako budeš slušao Gospoda, Boga svojega. Blagoslovljen ćeš biti u gradu i blagoslovljen u polju. Blagoslovljen će biti plod tijela tvojega, plod njive tvoje, plod stoke tvoje, mlade goveda tvojih i ovaca tvojih. Blagoslovljena će biti žetvena košara tvoja i naćve tvoje. Blagoslovljen ćeš biti, kada dolaziš, i blagoslovljen, kada odlaziš
(Ponovljeni zakon 28:1-6).

Poglavlje 7

Pasha i put spasenja

Izlazak 12:1-28

Nato zapovjedi Gospod Mojsiju i Aronu u zemlji egipatskoj ovo: „Ovaj mjesec neka vam bude početak mjesecima; neka vam bude prvi mjesec u godini! Objavite svoj zajednici sinova Izraelovih: Desetoga dana ovog mjeseca svaki od vas neka priskrbi sebi jedno janje, jedno janje za obitelj ili kuću!" (1-3).
Čuvajte ga do četrnaestoga dana ovog mjeseca; a onda neka ga zakolje sva zajednica sinova Izraelovih podvečer! Neka se uzme nešto od krvi, i neka se njom pomažu oba dovratnika i nadvratnik na kućama, u kojima će se jesti! Iste noći neka se jede meso pečeno na ognju, uz to kruh nekvasan, i zelje gorko neka se pri tom jede! Ne jedite od toga ništa sirovo ili u vodi kuhano, nego samo na ognju pečeno, i to tako, da je još glava spojena s nogama i nutarnjim dijelovima. Ništa od toga ne ostavite do jutra; što bi od toga preostalo do jutra, spalite na ognju! Ovako ga imate jesti: Imajte bokove opasane, obuću na nogama i štap u ruci i jedite ga u hitnji; to je paša Gospodnja (6-11).

Do ove točke mi možemo vidjeti da su faraon i njegove sluge nastavile živjeti u neposluhu prema riječi Boga.

Kao rezultat, bile su manje pošasti svuda preko zemalja Egipta. Kako su nastavljali svoj neposluh, mnoge bolesti su nanesene, njihovo je bogatstvo nestalo i oni su u konačnici izgubili svoje živote.

U suprotnosti, iako su živjeli u istoj zemlji Egiptu, izabrani narod Izrael nije patio od pošasti.

Kada je Bog pogodio živote u Egiptu sa zadnjom pošasti, Izraelci nisu izgubili niti jedan život. To je zato što je to je Bog dozvolio ljudima Izraela znati put spasenja.

Ovo se ne odnosi na ljude Izraela prije mnogo tisuća godina, ali na isti način je jednako primjenljivo na nas danas.

Duhovno značenje pošasti prvorođenaca

Prije nego je bila pošast smrti prvorođenaca u Egiptu, Bog je rekao Izraelcima način da se izbjegne pošast.

> *Objavite svoj zajednici sinova Izraelovih: Desetoga dana ovog mjeseca svaki od vas neka priskrbi sebi jedno janje, jedno janje za obitelj ili kuću!* (Izlazak 12:3).

Počevši sa pošasti krvi do pošasti tame, iako ljudi Izraela sami ništa nisu učinili, Bog ih je samo zaštiti sa Svojom moći. Ali baš prije zadnje pošasti, Bog je želio nekakav znak poslušnosti od ljudi Izraela.

To je bilo uzeti janje i staviti nešto hrane na dva dovratka i nadvratnik kuće i pojesti janje pečeno iznad vatre u kući. To je bio znak razabiranja ljudi Boga kada će Bog ubiti sve prvorođene ljudi i životinja u Egiptu.

Jer je zadnja pošast prešla preko kuća koje su imale krv janjeta, Židovi još uvijek slave taj dan kao Pashu, sa čim su oni bili spašeni.

Danas, Pasha je najveća gozba Židova. Oni jedu janjetinu, beskvasni kruh i gorko bilje da bi proslavili taj dan. Više detalja će biti objašnjeno u poglavlju 8.

Uzeti janje

Bog im je rekao da uzmu janje jer janje duhovno simbolizira Isusa Krista.

Generalno govoreći, oni koji vjeruju u Boga se zovu Njegovim „ovcama." Mnogi ljudi misle da je „janje" „novi vjernik," ali u Bibliji mi pronalazimo da se „janje" odnosi na Isusa Krista,

Po Ivanu 1:29, Ivan Krstitelj je rekao pokazujući na Isusa, *„Evo Janje Božje, koje oduzima grijeh svijeta!"* 1. Petrova poslanica 1:18-19 govori, *„Znajući, da nijeste otkupljeni raspadljivim srebrom ili zlatom iz grješnoga svojega življenja, koje vam je predano od otaca, Nego skupocjenom krvlju Krista* *kao nedužna i neokaljana janjeta."*

Isusov karakter i djela podsjećaju nas na nježno janje. Po Mateju 12:19-20 govori, *„Neće se prepirati i neće bučiti, nitko neće po ulicama čuti glasa njegova. Trske stučene neće prelomiti i stijenja što tinja neće ugasiti, dok pravdu ne privede pobjedi."*

Baš kao što se ovce sakupljaju samo sa glasom svojeg pastira i slijede ga, Isus je samo slušao sa „Da" i „Amen" pred Bogom (Otkrivenje 3:14). Do Njegove smrti na križu, On je želio ispuniti volju Boga (Po Luki 22:42).

Janje nam daje meko krzno, visoko nutritivno mlijeko i meso. Isto tako, Isus je prinesen kao žrtva iskupljenja da bi nas pomirio sa Bogom i On je prolio Svoju vodu i krv na križu.

Prema tome, mnogi dijelovi Biblije povezuju Isusa sa janjetom. Kada je Bog uputio Izraelce u običaje Pashe, On je također rekao kako da dijele janje u detalje.

Ako li je obitelj premalena za jedno janje, neka ga uzme skupa sa susjedom svojim, koji joj je najbliži, a na broju osoba. Proračunajte, koliko svaki može pojesti od janjeta! Janje ima da bude bez pogrješke, muško, od godine dana; smijete uzeti janje od ovaca ili od koza (Izlazak 12:4-5).

Ako su bili presiromašni, ili nisu imali dovoljno članova u obitelji da bi pojeli cijelo janje, oni su mogli uzeti janje od ovce ili koze, te su mogli podijeliti janje sa susjednom obitelji. Možemo osjetiti nježnu ljubav Boga koji je obilan u usporedbi.

Razlog zašto je Bog rekao da uzmu čisto muško godinu dana staro je taj što je to meso najbolje u to vrijeme prije nego se parilo. Isto tako, kao što je slučaj sa ljudima, vrijeme mladosti je prekrasno i čisto.

Jer je Bog svet bez ijedne ljage i mrlje, On im je rekao da uzmu janje u najljepše vrijeme, jednogodišnje janje.

Stavi krv i ne idi van do jutra

Bog je rekao da trebaju uzeti janje prema brojevima u njihovom kućanstvu. U Izlasku 12:6 mi pronalazimo da oni nisu trebali ubiti janje odmah, nego ga držati četiri dana i to se trebalo učiniti u sumrak. Bog im je dao period vremena da se pripreme za to sa svom iskrenosti u svojim srcima.

Zašto je Bog rekao da oni moraju ubiti u sumrak?

Ljudska kultivacija koja je počela sa neposluhom Adama, se može generalno podijeliti u tri djela. Od Adama do Abrahama je oko 2000 godina i to je period vremena koji je početak ljudske kultivacije. U usporedbi sa jednim danom to je jutro.

Nakon toga, Bog je postavio Abrahama kao oca vjere i od vremena Abrahama do kad je Isus došao na ovu zemlju je također oko 2000 godina. To je kao sredina dana.

Od vremena kad je Isus došao na ovu zemlju do danas je također oko 2000 godina. Ovo je vrijeme kraja ljudske kultivacije i sumrak dana (1. Ivanova poslanica 2:18; Juda 1:18; Poslanica Hebrejima 1:2; 1. Petrova poslanica 1:5:20).

Vrijeme kada je Isus došao na ovu zemlju i iskupio nas od naših grijeha kroz svoju smrt za nas na križu pripada posljednjoj eri ljudske kultivacije i zato im je Bog rekao da ubiju janje u sumrak a ne tijekom dana.

Onda, ljudi su trebali staviti krv janjeta na dva dovratka i nadvratnik (Izlazak 12:7). Krv janjeta se duhovno odnosi na krv Isusa Krista. Bog im je rekao da stave krv na dva dovratka i nadvratnik jer su oni spašeni sa krvi Isusa. Prolijevajući krv i umirući na križu, Isus nas je iskupio od naših grijeha i spasio naše živote; to je duhovno značenje koje je implicirano.

Jer nas je sveta krv otkupila od grijeha, oni nisu trebali staviti krv na prag na koji ljudi staju, nego samo na dovratke i nadvratnik.

Isus je rekao, *"Ja sam vrata. Tko uđe kroza me, spasit će se. On će ulaziti i izlaziti i pašu nalaziti"* (Po Ivanu 10:9). Kao što je rečeno, u noći pošasti smrti prvorođenaca, sva kućanstva koja nisu imala krv su imala smrt u njima, ali ona kućanstva koja su stavila krv su bila spašena od smrti.

Ali čak i ako su stavili krv janjeta, ako su otišli izvan vrata, nisu mogli biti spašeni (Izlazak 12:22). Ako su izašli van, to znači da oni nemaju ništa sa zavjetom Boga i oni su se morali suočiti sa pošasti smrti prvorođenaca.

Duhovno, izvan vrata simbolizira tamu koja nema ništa sa Bogom. To je svijet neistina. Na isti način, danas, čak i ako prihvatimo Gospoda mi ne možemo biti spašeni ako Ga napustimo.

Ispecite janje i pojedite ga cijelog

Bilo je smrti u kućanstvima i bilo je velikog plača. Počevši od faraona, koji se uopće nije bojao Boga čak ni nakon toliko puno moćnih djela Boga koje su pokazane svim Egipćanima, veliki plač je izbio u tišini duboke noći.

Ali do jutra, Izraelci nisu uopće izlazili van. Oni su samo jeli janje prema riječi Boga. Koji je razlog zašto su jeli meso janjeta kasno u noć? Ovo sadrži duboko duhovno značenje.

Prije nego je Adam jeo sa stabla spoznaje dobra i zla, on je živio pod kontrolom Boga koji je svjetlo, ali pošto ga nije poslušao i jeo sa stabla, on je postao sluga grijeha. Zbog toga, svi njegovi potomci, svo čovječanstvo je došlo pod kontrolom neprijatelja vraga i sotona, gospodara tame. Prema tome, ovaj svijet je tama ili noć.

Baš kao što su Izraelci morali jesti janje kasno u noć, mi koji duhovno živimo u svijetu tame moramo jesti tijelo Sina Čovječjeg, što je riječ Boga koji je Svjetlo, i piti Njegovu krv, tako da ćemo primiti spasenje. Bog im je rekao u detalje kako jesti janje. Oni su ga morali jesti sa beskvasnim kruhom i gorkim biljem (Izlazak 12:8).

Kvasac je vrsta gljivice koja se koristi za rast kruha i ona fermentira hranu da bi je učinila lijepo i mekom. Kruh bez kvasca je manje ukusan on kruha koji ima kvasac.

Pošto je bila tako očajna situacija ili bilo živjeti ili ne živjeti, Bog je im je rekao da jedu janje sa manje ukusnim beskvasnim kruhom i gorkim biljem da bi se sjećali tog dana.

Isto tako, kvasac se odnosi na grijeh i zlo u duhovnom smislu. Prema tome, „jesti beskvasni kruh koji je bez kvasca" simbolizira da mi moramo odbaciti grijeh i zlo da bi primili spasenje života.

I Bog im je rekao da ispeku janje iznad vatre, ne da ga jedu sirovog ili skuhanog u vodi, i trebali su ga cijelog posjesti, glavu, noge i iznutrice (Izlazak 12:9).

Ovdje, „pojesti ga sirovog" znači doslovno tumačiti prevrijedne riječi Boga.

Na primjer, po Mateju 6:6 „*Kad ti hoćeš da se moliš, uđi u sobu svoju, zatvori vrata i moli se Ocu svojemu u tajnosti! Otac tvoj, koji vidi u tajnosti, platit će ti.*" Ako to protumačimo doslovno, mi moramo otići u unutarnju sobu, zatvoriti vrata i moliti se. Ali nigdje u Bibliji mi ne možemo naći Božjeg čovjeka kako se moli u unutarnjim sobama kada su vrata zatvorena.

Duhovno, „ući u unutarnju sobu i moliti se" znači da mi ne smijemo imati besposlene misli, nego se moliti sa svim našim srcem.

U našoj dijeti, ako jedemo sirovo meso, mi ćemo možda dobiti infekcije od parazita ili će nas stomak boljeti. Ako protumačimo riječ Boga doslovno, mi ćemo imati nesporazume i to će voditi do problema. Onda, mi ne možemo imati duhovnu vjeru, tako da će nas to voditi dalje od spasenja.

„Kuhati je u vodi" znači „dodati filozofiju, znanost, medicinske znanosti ili ljudske misli u riječi Boga." Ako skuhamo meso u vodi, sok mesa će izaći i biti će veliki gubitak nutrijenata. Na isti način, ako mi dodamo znanje ovog svijeta u svijet istine, mi bi mogli imati nešto vjere kao znanje, ali mi ne možemo imati duhovnu vjeru. Prema tome, to nas ne vodi prema spasenju.

Sad, što znači peći janje iznad vatre?
Ovdje, „vatra" znači „vatra Duha Svetog." Prvenstveno, riječ Boga je zapisana u inspiraciji Duha Svetog, te prema tome, kada ju mi čujemo i čitamo, mi to moramo činiti unutar punoće i inspiracijom Duha Svetog. U suprotnom, to će samo postati dio znanja, i mi ne možemo dobiti to kao duhovni kruh.

Da bi jeli riječ Boga pečenu iznad vatre, mi moramo imati vatrene molitve. Molitva je kao ulje, i to je izvor koji nam daje punoću Duha Svetog. Kada mi uzmemo riječ Boga sa inspiracijom Duha Svetog, riječ će biti slađa od meda. To znači da mi slušamo riječi sa žednim srcem kao jelen koji dahće za potokom vode. Prema tome, mi osjetimo da je vrijeme slušanja riječi Boga jako vrijedno, te da nam nikada neće dosaditi.

Kada mi slušamo riječ Boga, ako mi koristimo ljudske misli,

naša vlastita iskustva i znanja mi nećemo moći razumjeti mnoge stvari.

Na primjer, Bog nam govori ako te netko udari u jedan obraz, također mu okreni drugi i ako netko zatraži tuniku, daj mu također i ogrtač i ako te netko prisili da ideš milju sa njim, ti idi s njim dvije milje. Isto tako, mnogi ljudi misle da je uredu osvećivati se, ali Bog nam govori da volimo čak i naše neprijatelje, ponizimo se i služimo druge (Po Mateju 5:39-44).

Zbog toga mi moramo pokidati sve naše misli i uzeti riječ Boga samo unutar inspiracije Duha Svetog. Samo tada će riječ Boga postati naš život i snaga, tako da ćemo mi moći odbaciti neistine i bit ćemo vođeni putem vječnog života.

Generalno, meso bude gorko kada se peče iznad vatre i na taj se način sačuvaju nutrijenti. Na isti način, neprijatelj vrag i Sotona ne mogu raditi na one koji uzimaju riječ Boga duhovno sa osjećajem koji je slađi od meda.

Nadalje, Bog nam govori da jedemo glavu, noge i iznutrice. To znači da moramo uzeti svih 66 knjiga Biblije, bez izuzimanja ijedne.

Biblija sadrži izvor stvaranja i providnost ljudske kultivacije. Nadalje, sadrži način postanka pravog djeteta Božjeg. Sadrži providnost spasenja koja je skrivena od početka vremena. Biblija sadrži volju Boga.

Prema tome, „jesti glavu, noge i iznutrice" znači da mi moramo uzimati Bibliju kao cjelinu počevši sa Knjigom Postanka do Knjige Otkrivenja.

Ne ostavljaj ništa do jutra, brzo jedi

Ljudi Izraela su jeli janje pečeno iznad vatre u svojim kućama i nisu ostavili ništa do jutra, jer u Izlasku 12:10 piše, *"Ništa od toga ne ostavite do jutra; što bi od toga preostalo do jutra, spalite na ognju!"*

"Jutro" je kada tama odlazi i svjetlo dolazi. Duhovno, to se odnosi na vrijeme drugog dolaska Gospoda. Nakon što se On vrati, mi ne možemo pripremiti naše ulje (Po Mateju 25:1-13), te mi moramo uzeti riječ Boga marljivo i prakticirati je prije nego se Gospod Isus vrati.

Isto tako, ljudi žive samo 70 ili 80 godina, te mi ne znamo kada će naš život završiti. Prema tome, mi moramo marljivo uzimati riječ Boga svo vrijeme.

Ljudi Izraela su morali otići iz Egipta nakon što se pošast smrti prvorođenaca dogodila i zato im je Bog rekao da jedu brzo.

Ovako ga imate jesti: Imajte bokove opasane, obuću na nogama i štap u ruci i jedite ga u hitnji; to je paša Gospodnja (Izlazak 12:11).

Ovo znači da se oni moraju spremiti otići sa svom svojom odjećom i obućom. Imati opasane bokove i obuti obuću znači da moraju biti potpuno spremni.

Da bi primili spasenje kroz Isusa Krista u ovom svijetu, koje je kao Egipat kad je bio pogođen bolestima i ući u nebesko kraljevstvo, koje je kao obećana zemlja Kaanan, mi također moramo uvijek biti budni i spremni.

Također Bog im govori da imaju svoj štap u rukama, a „štap" duhovno simbolizira „vjeru." Kada mi hodamo ili se penjemo po planini ako imamo štap biti će sigurnije i lakše i nećemo pasti dolje.

Razlog zašto je Mojsije dobio štap je taj što Mojsije nije primio Duh Sveti u srcu. Bog je dao Mojsiju štap koji duhovno stoji za vjeru. Na taj način ljudi Izraela mogu iskusiti moć Boga kroz štap kojeg fizički oči vide i rad Izlaska iz Egipta se može ostvariti.

Čak i dana, da bi ušli u vječno nebesko kraljevstvo, mi moramo imati duhovnu vjeru. Mi možemo doći do spasenja samo ako vjerujemo u Isusa Krista koji je umro na križu bez ijednog grijeha i uskrsnuo. Mi možemo doći do potpunog spasenja samo ako prakticiramo riječ Boga jedući tijelo Gospoda i pijući Njegovu krv.

Nadalje, sada je vrijeme koje je blizu Gospodovom povratku. Prema tome, mi moramo slušati riječ Boga i marljivo se moliti tako da mi uvijek možemo odnijeti pobjedu u borbama protiv sila tame.

Zato uzmite sve oružje Božje, da biste se mogli oduprijeti u zao dan, i svršivši sve održati se! Stojte dakle opasavši bokove svoje istinom, i obukavši se u oklop pravde, i obuvši noge, da budete spremni za evanđelje mira! A povrh svega uzmite štit vjere, kojim ćete moći pogasiti sve ognjene strijele đavola! I kacigu spasenja uzmite, i mač Duha, koji je riječ Božja! (Poslanica Efežanima 6:13-17).

Poglavlje 8

Obrezivanje i sveta pričest

Izlazak 12:43-51

Gospod zapovjedi Mojsiju i Aronu: „Ovo vrijedi kao zakon za Pashu" (43).
Ali neobrezan ne smije jesti od nje (48).
„Za domaćega kao za tuđinca, koji boravi kod vas, neka vrijedi jedan i isti zakon!" (49).
Upravo taj dan izvede Gospod sinove Izraelove iz zemlje egipatske po četama njihovim uređene (51).

Proslava Gozbe Pashe se održava najduži period vremena na svijetu, više od 3500 godina. Bio je to temelj osnutka države Izrael.

Pasha je פסח (Pesach) u Hebrejskom i znači, kao što ime kaže, prolazak preko ili oprostiti nešto. To znači da je sjena tame prešla preko kuća Izraela čiji su dovratci i navratci bili prekriveni sa krvi janjeta kada je pošast smrti prvorođenaca došla u Egipat.

U Izraelu, čak i danas, oni čiste kuće i otklanjaju sav kvasan kruh iz kuća tijekom Pashe. Čak i mala djeca traže ispod kreveta ili iza namještaja sa svjetiljkama za bilo kakve grickalice ili kruh koji ima kvasca u sebi da bi ga maknuli. Isto tako, svako kućanstvo jede prema pravilima Pashe. Glava obitelji donosi Gozbu Pashe za sjećanje, i oni slave Izlazak.

„Zašto jedemo Matzo (beskvasan kruh) večeras?"

„Zašto mi jedemo Maror (gorko bilje) večeras?"

„Zašto jedemo peršin nakon što ga umočimo dva puta u slanu vodu? Zašto jedemo gorko bilje sa Harosheth (crvenkasti džem, simbolizira pečenje cigli u Egiptu)?"

„Zašto ležimo i jedemo hranu Pashe?"

Vođa ceremonije objašnjava da su oni morali jesti beskvasan kruh jer su morali napustiti Egipat na brzinu. Isto tako, on objašnjava da jedu gorko bilje da bi se prisjetili boli Egipatskog ropstva i jedu peršin umočen u slanu vodu da bi se prisjetili suza koje su prolili u Egiptu.

Ali sada, pošto su njihovi oci oslobođeni od ropstva, oni jedu hranu ležeći da bi izrazili slobodu i radost da su u mogućnosti se opustiti dok jedu. I dok vođa priča priče o deset pošasti u Egiptu, svaki član obitelji drži malo vina u svojim ustima i kad je ime pošasti spomenuto oni pljuju u odvojenu posudu.

Pasha se dogodila prije 3500 godina, ali kroz hranu Pashe, čak i djeca sada imaju šansu iskusiti Izlazak. Židovi još uvijek promatraju ovu gozbu koju je Bog uspostavio prije tisuća godina.

Moć Dijaspore, prvenstveno moć Židova koji su bili raspršeni preko svijeta da dođu zajedno i ponovo uspostave svoju državu, leži ovdje.

Kvalifikacije za sudionike u Pashi

U noći kada je pošast smrti prvodođenaca došla na Egipat, Izraelci su bili spašeni od smrti jer su slušali riječ Boga. Ali da bi sudjelovali u Pashi, oni moraju ispuniti uvjete.

Gospod zapovjedi Mojsiju i Aronu: „Ovo vrijedi kao zakon za Pashu: Ni jedan tuđinac ne smije od nje jesti. Svaki za novac kupljeni rob smije ipak jesti od nje, ako si ga obrezao. Došljak i najamnik ne smije jesti od nje. U jednoj i istoj kući mora se jesti. Ne smiješ ništa od mesa iznijeti iz kuće, i ne smijete na njoj prelomiti kostiju. Sva zajednica Izraelaca ima je tako obdržavati. A ako je kod tebe tuđinac i hoće da svetkuje Pashu u čast Gospodu, onda se moraju svi muški obrezati. Tada smije doći na svečanost i ima vrijediti kao domaći. Ali neobrezan ne smije jesti od nje. Za domaćega kao za tuđinca, koji boravi kod vas, neka vrijedi jedan i isti zakon!" (Izlazak 12:43-49).

Samo oni koji su obrezani mogu jesti hranu Pashe, jer obrezivanje je ključna stvar za život i duhovno se odnosi na stvar spasenja.

Obrezivanje je otklanjanje nešto ako ne i cijelog prepucijuma sa penisa i to se čini osmog dana od rođenja svim Izraelskim muškim bebama.

Postanak 17:9-10 kaže, *„I reče Bog dalje Abrahamu: 'Tako držite zavjet moj, ti i potomstvo tvoje kroz sve naraštaje! A ovo je zavjet moj između mene i vas i potomstva tvojega, što ćete ga držati: sve muško kod vas ima se obrezivati.'"*

Kada je Bog dao Svoj zavjet blagoslova Abrahamu, ocu vjere, On ga je pitao da izvodi obrezivanje kao znak zavjeta. Oni koji nisu obrezani ne mogu primiti blagoslove.

„A obrezivat ćete se na mesu svoje prednje kožice, i to neka bude znak zavjeta između mene i vas! Osam dana iza rođenja neka se obreže kod vas svaki dječak, kroz sve naraštaje, i sluga rođen u kući i rob za novac

kupljen od kojega god tuđinca, koji nije iz potomstva tvojega. Ima biti obrezan i rođeni u kući tvojoj sluga i kupljeni od tebe za novac rob. Tako ima biti zavjet moj vječno utisnut u meso vaše. A neobrezan muški, koji ne bude obrezan na mesu svoje prednje kožice, neka se istrijebi iz naroda svojega; on je prelomio zavjet s menom" (Postanak 17:11-14).

Onda, zašto je Bog zapovjedio da se obrezivaju na osmi dan?

Kada je beba tek rođena nakon što je bila u majčinoj maternici devet mjeseci, nije mu se lako prilagoditi svemu novom oko sebe jer je okoliš jako drugačiji. Stanice su još uvijek slabe, ali nakon sedam dana, oni postaju upoznati sa novim okolišom, ali još uvijek nisu jako aktivni.

Ako je prepucij odrezan u to vrijeme, bol je minimalna i rez će se jako brzo zatvoriti. Ali nakon što osoba odraste, koža je tvrda i bit će jako bolno.

Bog je naredio da Izraelci provode obrezivanje osmog dana nakon rođenja, tako da će to pomoći pri zdravstvenim mjerama i rastu, čineći znak Svojeg zavjeta u isto vrijeme.

Obrezivanje, direktno povezano sa životom

Izlazak 4:24-26 kaže, *"Putem u prenoćištu stane Gospod na put Mojsiju i htjede ga usmrtiti. Tada Zipora uze oštar kamen, obreza njim prednju kožicu sina svojega, baci mu je pred noge i reče; 'Zaista si mi krvav zaručnik!' Potom ga pusti. Ona tada upotrijebi riječ: 'krvav zaručnik' zbog obrezanja."*

Zašto je Bog tražio ubiti Mojsija?
Mi možemo razumjeti ako razumijemo rođenje i rast Mojsija. U to vrijeme, da bi se potpuno uništili Izraelci, naredba je dana da se ubije svako novo rođeno Hebrejsko muško dijete.

Tijekom tog vremena, Mojsijeva ga je majka sakrila. Ona ga je u konačnici stavila u pletenu košaru i ostavila ga na obalama Nila. Sa providnosti Boga, njega je vidjela Egipatska princeza i on je također postao princ kao posvojeni sin princeze. Zbog toga on nije bio u situaciji da bi bio obrezan.

Iako je zvan vođa Izlaska, on još uvijek nije bio obrezan. Zbog toga ga je anđeo Božji tražio ubiti. Isto tako, obrezivanje je direktno povezano sa životom; ako netko nije obrezan, on nema ništa sa Bogom.

Poslanica Hebrejima 10:1 *„Jer kako zakon ima samo sjenu budućih dobara, a ne bitnu sliku stvari"* i zakon se ovdje odnosi na Stari Zavjet, prvenstveno Dobre Vijesti koje dolaze kroz Isusa Krista.

Sjena i izvorna slika su jedno i oni ne mogu postojati odvojeno. Prema tome, Božja zapovijed o obrezivanju u vrijeme Starog Zavjeta, koja nalaže da će biti odbačeni ljudi od Boga bez obrezivanja, još se primjenjuje na nas na isti način i danas.

Ali danas, za razliku od Starog Zavjeta, mi ne moramo

prolaziti fizičko obrezivanje nego duhovno obrezivanje, a to je obrezivanje srca.

Fizičko obrezivanje i obrezivanje srca

Poslanica Rimljanima 2:28-29 govori, *„Jer nije onaj Židov, koji je to samo izvana, i nije ono obrezanje, koje biva samo izvana, na tijelu; nego je ono Židov, koji je to iznutra, i obrezanje je obrezanje srca, duhom, a ne slovom. Tu je priznanje, ne od ljudi, nego od Boga."* Fizičko obrezivanje je samo sjena, a izvorna slika u Novom Zavjetu je obrezivanje srca i to je ono što nam daje spasenje.

U vrijeme Starog Zavjeta oni nisu primili Duha Svetog i nisu mogli odbaciti neistine iz svojeg srca. Prema tome, oni su pokazivali da pripadaju Bogu čineći fizičko obrezivanje. Ali u vrijeme Novog Zavjeta, kada mi prihvatimo Isusa Krista, Duh Sveti dolazi u naša srca, te nam Duh Sveti pomaže živjeti prema istini tako da možemo odbaciti neistine iz našeg srca.

Obrezivati naše srce na ovaj način je slijediti zapovijedi u Starom Zavjetu obrezivati tijelo. To je također način držanja Pashe.

Obrežite se Gospodu i skinite okrajak sa srca svojega (Jeremija 4:4).

Što znači uzimajte prepucij srca? To znači držati riječ Boga u svemu što nam kaže da činimo, da ne činimo, da držimo ili da odbacimo određene stvari.

Mi samo ne činimo stvari koje nam Bog kaže da ne činimo kao što su „Ne mrzi, ne sudi ili osuđuj, ne kradi i ne počini preljuba." Isto tako, mi samo odbacimo i držimo kada nam On kaže da odbacimo ili zadržimo nešto kao što je „Odbaci sve vrste zla, svetkuj Subotu, poštuj zapovijedi Boga."

Isto tako, mi samo činimo što nam On kaže kao što je „Propovjedaj evanđelje, moli, oprosti, voli, itd." Čineći to, mi istjerujemo sve neistine, zlo, nepravednost, bezakonje i tamu iz našeg srca da bi ga učinili čistim i tada ćemo biti ispunjeni sa istinom.

Obrezivanje srca i potpuno spasenje

U Mojsijevo vrijeme, Pasha je uspostavljena da bi Izraelci izbjegli smrt prvorođenaca prije Izlaska. Prema tome, to ne znači da je osoba vječno spašena samo prakticirajući Pashu.

Da bi se oni spasili vječno Pashom, onda bi svi Izraelci koji su izašli iz Egipta ušli u zemlju u kojoj teče med i mlijeko, zemlju Kaanana.

Ali činjenica je da su svi odrasli, osim Jošue i Kaleba, koji su bili iznad 20 u vrijeme Izlaska, nisu pokazivali vjeru i djela poslušnosti. Oni su bili generacija koja je morala ostati u divljini četrdeset godina i umrijeti tamo, bez da su vidjeli blagoslov zemlje Kaanan.

Isto je i danas. Čak i ako smo prihvatili Isusa Krista i postali djeca Boga, to nije potpuno i garantirano zauvijek. To samo znači da smo ušli u granicu spasenja.

Prema tome, baš kao što je četrdeset godišnje iskušenje bilo potrebo za Izraelce koji će ući u Kaanan, da bi primili trajno spasenje mi moramo prići kroz proces obrezivanja sa riječi Boga.

Nakon što prihvatimo Isusa Krista kao našeg osobnog Spasitelja, mi primamo Duha Svetog. Međutim, „primiti Duha Svetog" ne znači da će naša srca biti potpuno čista. Mi moramo nastaviti obrezivati naša srca dok ne primimo potpuno spasenje. Samo kada zadržimo naša srca, koja su izvor života, kroz obrezivanje srca mi možemo primiti potpuno spasenje.

Važnost obrezivanja srca

Samo kada mi pročistimo naše grijehe i zla sa riječi Boga i odrežemo ih sa mačem Duha Svetog, mi možemo postati sveta djeca Boga i voditi život koji je oslobođen katastrofa.

Drugi razlog zašto mi moramo obrezivati naša srca je da odnesemo pobjedu u duhovnim borbama. Iako nevidljive, to su stalne i teške borbe među duhovima dobrote koji pripadaju Bogu i zlim duhovima.

Poslanica Efežanima 6:12 govori, *„Jer naša borba nije protiv krvi i tijela, nego protiv poglavarstva, protiv vlastima,* *protiv upravitelja tame ovoga svijeta, protiv duhova pakosti u zračnim visinama."*

Da bi odnijeli pobjedu u duhovim borbama, mi apsolutno trebamo čista srca. To je zbog toga što u duhovom svijetu, moć je bezgrešnost. Zbog toga Bog želi obrezati naša srca i On je rekao mnogo puta važnost obrezivanja.

„Ljubljeni, ako nas srce ne kori, imamo pouzdanje u Boga. I štogod molimo, primamo od njega, jer zapovijedi njegove držimo i činimo, što je njemu ugodno" (1. Ivanova poslanica 3:21-22).

Da bi mi primili spasenje i odgovore na probleme života kao što su katastrofe i siromaštvo, mi moramo obrezati naše srce. Samo kada mi imamo čisto srce, mi ćemo imati samopouzdanja pred Bogom i mi ćemo primiti sve što pitamo.

Pasha i Sveta Pričest

Isto tako, samo kada se mi podvrgnemo obrezivanju mi možemo sudjelovati u Pashi. To je danas povezano sa Svetom Pričesti. Pasha je gozba na kojoj se jede meso janjeta, a Sveta Pričest je jedenje kruha i pije se vino, koje simbolizira tijelo i krv Isusa.

Isus im reče: „Zaista zaista, kažem vam: ako ne

jedete tijela Sina čovječjega i ne pijete krvi njegove, nemate života u sebi. Tko jede tijelo moje i pije krv moju, ima život vječni, i ja ću ga uskrsnuti u posljednji dan" (Po Ivanu 6:53-54).

Ovdje, „Sin čovječji" se odnosi na Isusa, a tijelo Sina čovječjeg se odnosi na 66 knjiga Biblije. Jesti tijelo Sina čovječjeg znači upijati riječi istine Boga koje su zapisane u Bibliji.

Isto tako, baš kao što trebamo tekućinu pri probavi hrane, kada mi jedemo tijelo Sina čovječjeg, mi također moramo piti u isto vrijeme tako da to možemo dobro probaviti.

„Piti krv Sina čovječjeg" znači stvarno vjerovati i prakticirati riječ Boga. Nakon što čujemo i spoznamo riječ, ako je ne prakticiramo, onda nam riječ Boga nije od koristi.

Kada mi razumijemo riječ Boga u šezdeset i šest knjiga Biblije i prakticiramo je, onda će istina ući u naša srca i mi ćemo upijati nutrijente sa tijelom. Onda, grijeh i zlo će postati kao otpad koji ćemo odbaciti, tako da ćemo mi postati sve više i više ljudi istine da bi dobili vječan život.

Na primjer, ako upijamo nutrijente istine koja se zove „ljubav" i prakticiramo je, ova riječ će biti upijena u nas kao nutrijent. Stvari koje su u opoziciji kao što su mržnja, zavist i ljubomora će postati kao otpad koji ćemo odbaciti. Tada ćemo dobiti savršeno srce ljubavi.

Isto tako, ako mi ispunimo naše srce sa mirom i pravednosti, svađe, rasprave, bezosjećajnosti, zamjerke i nepravednost će otići.

Kvalifikacije za sudjelovanje u Svetoj Pričesti

U vrijeme Izlaska oni koji su obrezani su bili kvalificirani za pristupanje Pashi, pa su oni mogli izbjeći smrt prvorođenaca. Na isti način, danas, kada mi prihvatimo Isusa Krista kao našeg Spasitelja i primimo Duh Sveti, mi smo zapečaćeni kao Božja djeca i mi imamo pravo sudjelovati u Svetoj Pričesti.

Ali Pasha je bila samo spasenje od smrti prvorođenaca. Oni su još uvijek morali hodati u divljini za potpuno spasenje. Na isti način, čak i ako smo primili Duha Svetog i možemo sudjelovati u Svetoj Pričesti, mi još uvijek moramo proći kroz proces da bi primili vječno spasenje za vječnost. Pošto smo došli na vrata spasenja prihvaćajući Isusa Krista, mi moramo slušati riječ Boga u našim životima. Mi moramo hodati prema vratima nebeskog kraljevstva i vječnog spasenja.

Ako mi počinimo grijehe, mi ne možemo sudjelovati u Svetoj Pričesti da bi jeli tijelo i pili krv Svetog Gospoda. Mi se prvo moramo pregledati, pokajati sve grijehe koje smo počinili i očistiti naša srca da bi sudjelovali u Svetoj Pričesti.

Tko dakle nedostojno jede kruh ovaj ili pije čašu Gospodnju, kriv je tijelu i krvi Gospodnjoj. Zato neka čovjek ispituje sam sebe, i onda od kruha neka jede i od čaše neka pije! Jer tko jede i pije nedostojno, sud sebi jede i pije, ne razlikujući tijela Gospodnjega (1. Poslanica Korinčanima 11:27-29).

Neki kažu da samo oni koji su kršteni sa vodom mogu sudjelovati u Svetoj Pričesti. Ali kada mi prihvatimo Isusa Krista, mi primamo Duha Svetog kao dar. Svi mi imamo pravo postati djeca Boga.

Prema tome, ako smo primili Duha Svetog i postali Božja djeca, mi možemo sudjelovati u Svetoj Pričesti nakon što se pokajemo naših grijeha, iako još nismo bili kršteni sa vodom.

Kroz Svetu Pričest, mi se još jednom prisjećamo milost Gospoda koji je visio na križu i prolio Svoju krv za nas. Također bi trebali pogledati u sebe i naučiti prakticirati riječ Boga.

1. Poslanica Korinčanima 11:23-25 kaže, „*Jer ja primih od Gospodina, što vam i predadoh, da Gospodin Isus onu noć, u koju je bio izdan, uze kruh, i zahvalivši prelomi i reče: 'Uzmite i jedite! Ovo je tijelo moje koje se predaje za vas; ovo činite na moju uspomenu!' Tako i čašu po večeri, govoreći: 'Ovo je čaša Novoga Zavjeta u mojoj krvi; ovo činite, kadgod pijete, na moju uspomenu!'*"

Prema tome, ja vas potičem da shvatite pravo značenje Pashe i Svete Pričesti i marljivo jedete tijelo i pijete krv Gospoda tako da možete odbaciti sve oblike zla i potpuno ostvariti obrezivanje srca.

Poglavlje 9

Izlazak i gozba beskvasnog kruha

Izlazak 12:15-17

Sedam dana jedite kruh nekvasan! Odmah prvi dan uklonite kvasac iz kuća svojih; jer svaki, koji bude što kvasno jeo od prvoga do sedmoga dana, bit će istrijebljen iz Izraela. Dalje prvi dan držite svečani sastanak, a tako i sedmi dan održite sveti svečani sastanak! Ta dva dana ne radite nikakva posla! Samo što svaki treba za hranu, smijete sebi zgotoviti. Tako dakle svetkujte svetkovinu nekvasnih kruhova, jer upravo na taj dan izvedoh čete vaše iz zemlje egipatske. Zato držite taj dan kao vječnu ustanovu kroz sve naraštaje!

„Oprostimo, ali nemojmo zaboraviti."

Ta je rečenica zapisana na ulazu u Yad Vashem Muzej Holokausta u Jeruzalemu. To je da bi se zadržalo sjećanje na onih 6 milijuna Židova koje su nacisti ubili tijekom drugog svjetskog rata i da se ne počini ista vrsta povijesti.

Povijest Izraela je povijest prisjećanja. U Bibliji, Bog im govori da se sjećaju prošlosti, imaju je na umu i drže je za generacije.

Nakon što su Izraelci bili spašeni od smrti prvorođenaca držeći Pashu i izvedeni iz Egipta, Bog im je rekao da promatraju Gozbu beskvasnog kruha. Na njima je da vječno zapamte dan kada su bili oslobođeni od Egipatskog ropstva.

Duhovno značenje Izlaska

Dan Izlaska nije samo dan slobode koju su ljudi Izraela primili prije mnogo tisuća godina.

„Egipat" u kojem su Izraelci živjeli u ropstvu simbolizira „ovaj svijet" koji je pod kontrolom neprijatelja vraga i Sotone. Baš kao što su Izraelci progonjeni i maltretirani dok su bili robovi u Egiptu, ljudi pate od bolova i tuge koje im donosi neprijatelj vrag i Sotona dok oni ne znaju o Bogu.

Kako su Izraelci svjedočili Deset pošasti koja se dogodila kroz Mojsija oni su spoznali Boga. Oni su slijedili Mojsija iz Egipta i išli u obećanu zemlju Kaanan, koju im je Bog obećao kroz njihova pretka Abrahama.

To je isto kao što današnji ljudi koji su živjeli bez znanja o Bogu, ali su prihvatili Isusa Krista.

Izraelski izlazak iz Egipta gdje su bili sluge, je usporedno sa ljudima koji izlaze iz ropstva neprijatelja vraga i Sotone prihvaćajući Isusa Krista i postaju djeca Boga.

Isto tako, put Izraelca do Kaanana, gdje teku med i mlijeko, nije drugačiji od vjernika koji čine put vjere prema kraljevstvu neba.

Kaanan, zemlja gdje teče med i mlijeko

U procesu Izlaska, Bog nije direktno vodio Izraelce u Kaanan. Oni su morali putovati divljinom jer je bila snažna nacija zvana Filisteja najkraćim putem do Kaanana.

Da bi prešli tu zemlju, oni su morali ratovati protiv snažnih Filistejaca. Bog je znao da, ako to učine, oni ljudi koji nisu imali vjere bi se vratili u Egipat.

Na isti način, oni koji su upravo prihvatili Isusa Krista ne dobivaju pravu vjeru odmah. Pa, ako se suoče sa testom koji je velik kao snažna nacija Filisteja i Filistejci, oni možda neće proći i konačno će odbaciti svoju vjeru.

Zbog toga Bog govori, *"Kušanje nije došlo na vas osim čovječjega. Ali je vjeran Bog, koji vas neće pustiti, da se iskušate većma, nego što možete, nego će učiniti s kušanjem povoljan izlaz, da mognete podnijeti"* (1. Poslanica Korinčanima 10:13).

Baš kao što su Izraelci hodali u divljini dok nisu došli do Kaanana, čak i nakon što postanemo djeca Boga, ispred nas je putovanje vjere dok ne dođemo do kraljevstva neba, Kaanana. Iako je divljina bila teška oni koji su imali vjere nisu se vratili u Egipat jer su oni gledali naprijed videći slobodu, mir i obilje Kaanana da oni nisu mogli uživati u Egiptu. Isto je i nama danas.

Iako nekada moramo hodati uskim i teškim putem, mi vjerujemo u prekrasno slavu nebeskog kraljevstva. Pa, mi ne smatramo utrku vjere teškom, nego prevladamo sve sa pomoći i moći Boga.

Konačno, ljudi Izraela su počeli putovanje prema Kaananu, zemlji u kojoj teče med i mlijeko. Oni su iza sebe ostavili zemlju gdje su živjeli više od 400 godina i počeli svoj put vjere pod Mojsijevim vodstvom.

Bilo je nekih ljudi koji su spremali stoku. Drugi su spremali odjeću, srebro i zlato koje su primili od Egipćana. Neki su pakirali beskvasni kruh dok su se drugi brinuli za malu djecu i starije. Širok niz Izraelaca koji su se žurili otići je bio neskrajan.

I otidoše sinovi Izraelovi od Ramsesa u Sukot, oko šest stotina tisuća pješaka, samih ljudi, ne uračunavši žene i djecu. Ali i mnogo naroda, što pritječe, zaputi s njima, i ovce i goveda, silna množina stoke. Od tijesta, što su ga bili ponijeli sa sobom iz Egipta,

> *ispekoše pod pepelom pogače nekvasne; Jer nije bilo uskislo, kako su ih bili potjerali Egipćani, pa se ne mogoše dulje zadržati i spremiti sebi brašnjenice za put* (Izlazak 12:37-39).

Taj dan njihova su srca bila puna slobode, nade i spasenja. Da bi proslavili taj dan, Bog im je zapovjedio promatrati gozbu beskvasnog kruha kroz sve generacije.

Gozba beskvasnog kruha

Danas, u kršćanstvu, mi slavimo Uskrs umjesto Gozbe beskvasnog kruha. Uskrs je gozba koja se slavi u hvalu Bogu koji je dao oprost svim našim grijesima kroz razapeće Isusa. Isto tako, mi slavimo to kao dan kada je postao moguće da izađemo iz tame u svjetlo sa Njegovim uskrsnućem.

Gozba beskvasnog kruha je jedan od tri velike gozbe Izraela. To služi da bi se obilježila činjenica su oni izašli iz Egipta sa rukom Boga. Počevši sa noći Pashe, oni jedu beskvasni kruh sedam dana.

Čak i nakon što su on i Egipćani patili mnogo pošasti, faraon nije promijenio svoje mišljenje. Konačno Egipat je morao propatiti smrt prvorođenaca i sam faraon je izgubio prvog sina. Faraon je brzo pozvao Mojsija i Aarona i rekao im da odmah napuste Egipat. Pa, oni nisu imali vremena staviti kvasac u kruh. To je razlog zašto su oni morali jesti beskvasni kruh.

Isto tako, Bog im je dao jesti beskvasni kruh tako da se mogu sjetiti vremena patnje i dati hvalu jer su oslobođeni od ropstva. Pasha je gozba koja obilježava spas od smrti prvorođenaca. Oni su jeli janjetinu, gorko bilje i beskvasni kruh. Gozba beskvasnog kruha je obilježavanje činjenice da su oni jeli beskvasni kruh tjedan dana u divljini nakon što su oni ubrzano izašli iz Egipta.

Danas, Izraelci uzimaju cijeli tjedan u promatranju Pashe uključujući i gozbu beskvasnog kruha.

> *Ne jedi s njom ništa kvasno! Sedam dana jedi s njom kruhove nekvasne, kruh nevolje, jer si u hitnji nagloj izašao iz zemlje egipatske, da se spominješ dana izlaska svojega iz zemlje egipatske, dok si god živ!* (Ponovljeni zakon 16:3).

Duhovno značenje Gozbe beskvasnog kruha

> *Sedam dana jedite kruh nekvasan! Odmah prvi dan uklonite kvasac iz kuća svojih; jer svaki, koji bude što kvasno jeo od prvoga do sedmoga dana, bit će istrijebljen iz Izraela* (Izlazak 12:15).

Ovdje, „prvi dan" se odnosi na dan spasenja. Nakon što su spašeni od smrti prvorođenaca i izašli iz Egipta, Izraelci su morali jesti beskvasni kruh sedam dana. Na isti način, nakon što mi prihvatimo Isusa Krista i primimo Duh Sveti, mi duhovno jedemo beskvasni kruh da bi došli do potpunog spasenja.

Duhovno jesti beskvasni kruh znači odbaciti svijet i ići uskim putem. Nakon što prihvatimo Isusa Krista, mi se moramo spustiti i ići uskim putem da bi došli do potpunog spasenja sa poniznim srcem.

Jesti kruh s kvascem umjesto beskvasnog kruha znači ići širokim i lakim putem proganjajući beznačajne stvari ovog svijeta kako ta osoba želi. Očito, osoba koja ide tim putem neće primiti spasenje. Zbog toga je Bog rekao da oni koji jedu kruh s kvascem biti će odrezani od Izraela.

Onda, koje su lekcije koje nam je Gozba beskvasnog kruha dala danas?

Prvo, mi se moramo uvijek sjećati i davati hvala za ljubav Boga i milost spasenja koje mi slobodno primamo u iskupljenju Isusa krista.

Izraelci se sjećaju vremena ropstva u Egiptu jedući beskvasni kruh sedam dana i dajući hvalu Bogu jer ih je spasio. Isto tako, mi vjernici, koji smo duhovno Izraelci, moramo se sjetiti milosti i ljubavi Boga, koji nas je vodio putem vječnog života i daje nam hvalu u svim stvarim.

Mi se moramo sjetiti dana kada smo se sreli i iskusili Boga i dan kada smo rođeni ponovo sa vodom i Duhom i dati hvalu Bogu u prisjećanju Njegove milosti. To je isto kao promatrati duhovni nivo Gozbe beskvasnog kruha. Oni koji istinski imaju dobro u srcu neće nikad zaboraviti ništa od milosti koju su primili od Gospoda. To je dužnost čovjeka i to je djelo prekrasnog srca dobrote.

Sa ovim dobrim srcem, bez obzira koliko je sadašnja stvarnost teška, mi nikad nećemo zaboraviti ljubav i milost nego davati hvalu za Njegovu milost i uvijek se radovati.

To je bio slučaj sa Habakukom koji je bio aktivan tijekom vladavine kralja Jošije 600 prije Krista.

> *Jer smokva ne donosi više ploda. Nema roda na lozi vinovoj. Ljetina je masline loša. Njiva ne daje hrane. Ovaca nema u torovima. Goveda nema u štalama. Ali ću se ja radovati u Gospodu, veselit ću se u Bogu spasenja svojega* (Habakuk 3:17-18).

Njegova država Judeja se suočavala sa opasnostima Kaldejaca (Babilonaca) i prorok Habakuk je morao vidjeti kako mu država propada, ali umjesto da padne u očaj, Habakuk je nudio hvale Bogu.

Isto tako, bez obzira na situaciju ili uvjete u životu, sa samo jednom činjenicom da smo spašeni sa Božjom milosti bez ikakve cijene, mi možemo biti zahvalni iz dubine našeg srca.

Drugo, ne bismo trebali uobičajeno nastaviti naše živote vjere niti se vratiti na prijašnje suhe putove vjere niti voditi kršćanski život koji nema progresa ili promjene.

Voditi ravnodušan život kao kršćanin je biti gdje jesi. To je stagniran život bez pokreta ili promjene. To znači da smo imamo mlaku, uobičajenu vjeru. To znači pokazivati formalnosti vjere, bez obrezivanja srca.

Ako smo hladni, mi ćemo primiti neku vrstu kazni od Boga tako da se možemo promijeniti i biti obnovljeni. Ali ako smo mlaki, mi radimo kompromise sa svijetom i ne pokušavamo odbaciti grijehe. Mi nećemo svjesno i lako napustiti Boga u potpunosti jer smo mi primili Duha Svetog i mi jako dobro znao da postoji nebo i pakao.

Ako mi osjetimo naše mane, mi ćemo se moliti Bog o njima. Ali oni koji su mlaki ne pokazuju nikakav entuzijazam. Oni postaju „crkveni pohađači."

Oni imaju neke nepogode i osjete bol i nervozu u svojim srcima, ali kako vrijeme prolazi, čak i ti osjećaji nestaju.

Ali jer si mlak, i nijesi ni studen ni vruć, izbljuvat ću te iz usta svojih (Otkrivenje 3:16). Kao što je rečeno, onda, oni ne mogu biti spašeni. Zato nam Bog govori da promatramo različite gozbe s vremena na vrijeme da bi provjerili svoju vjeru i primili puni rast i odraslu mjeru vjere.

Treće, mi uvijek moramo držati milost prve ljubavi. Ako smo je izgubili, mi moramo misliti o točci gdje smo pali, pokajati se i brzo obnoviti prva djela.

Svatko tko je prihvatio Isusa Krista može iskusiti milost prve ljubavi. Milost i ljubav Boga je tako velika da svaki dan njegova života će biti sama radost i sreća.

Baš kao što roditelji očekuju da njihovo dijete odraste, Bog također očekuje da Njegova djeca imaju čvrstu vjeru i dosegu velike mjere vjere. Ali ako izgubimo milost prve ljubav u nekoj točci, naš entuzijazam i ljubav se mogu ohladiti. Čak i ako se molimo, mi bi to mogli činiti samo iz osjećaja dužnosti.

Dok ne dosegnemo cijeli, potpuni i puni nivo posvećenosti, ako predamo naše srce Sotoni, mi možemo izgubiti prvu ljubav bilo kada. Prema tome, ako smo izgubili milost vatrene prve ljubavi, mi moramo pronaći razlog i brzo se pokajati i okrenuti.

Mnogi ljudi kažu da je kršćanski život uzak i težak put, ali Ponovljeni zakon 30:11 govori, *„Zakon, što ti ga dajem danas, nije za te pretežak i nije nedokučiv."* Ako shvatimo pravu ljubav Boga, putovanje života u vjeri nikad nije teško. Zato što sadašnja patnja se ne može usporediti sa slavom koju ćemo kasnije dobiti. Mi možemo biti sretni zamišljajući tu slavu.

Prema tome, kao vjernici mi živimo tijekom zadnjih dana, mi bismo uvijek trebali slušati riječ Boga i živjeti u svjetlu svo vrijeme. Ako ne idemo širokim putem svijeta nego uskim putem vjere, mi ćemo moći ući u Kaanan gdje teče med i mlijeko.

Bog će nam dati milost spasenja i radost prve ljubavi. On će nas blagosloviti da bi ostvarili posvećenost i kroz naš put vjere, On će nam dozvoliti da uzmemo vječno nebesko kraljevstvo silom.

Poglavlje 10

Život poslušnosti i blagoslovi

Ponovljeni zakon 28:1-6

„Ako budeš vjerno slušao Gospoda, Boga svojega, i ako budeš izvršivao zapovijedi njegove, što ti ih dajem danas, uzvisit će te Gospod, Bog tvoj, nad sve narode na zemlji. Svi ovi blagoslovi doći će na te i stignut će te, ako budeš slušao Gospoda, Boga svojega. Blagoslovljen ćeš biti u gradu i blagoslovljen u polju. Blagoslovljen će biti plod tijela tvojega, plod njive tvoje, plod stoke tvoje, mlade goveda tvojih i ovaca tvojih. Blagoslovljena će biti žetvena košara tvoja i naćve tvoje. Blagoslovljen ćeš biti, kada dolaziš, i blagoslovljen, kada odlaziš."

Povijest Izraelskog Izlaska daje nam vrijedne lekcije. Baš kao što su pošasti došle na faraona i Egipat zbog njihova neposluha, na putu u Kaanan ljudi Izraela su morali patiti kroz iskušenja i nisu uspijevali imati prosperitet jer su išli protiv volje Boga.

Oni su bili pošteđeni pošasti smrti prvorođenaca kroz Pashu. Ali, kada nisu imali vode za piti i hrane za jesti na njihovom putu prema Kaananu, oni su počeli prigovarati.

Načinili su zlatno tele i slavili ga, te su davali pogrešne izvještaje o Obećanoj zemlji; oni su čak stali protiv Mojsija. Sve zato što nisu gledali na put Kaanana sa očima vjere.

Kao rezultat, prva generacija Izlaska, osim Jošue i Kaleba, su svi umrli u divljini. Samo su Jošua i Kaleb vjerovali u obećanje Boga i slušali Ga i oni su ušli u Kaanan sa drugom generacijom Izlaska.

Blagoslov ulaska u Kaanan

Pošto je prva generacija Izlaska bila dio generacije koja je rođena i odgajana u poganskoj kulturi Egipta 400 godina, oni su izgubili mnogo svoje vjere u Boga. Isto tako, veliki dio zla je planiran u njihovim srcima dok su išli kroz progone i patnje.

Ali Izraelci druge generacije Izlaska su učeni riječi Boga od mladosti. Jer su svjedočili mnogim moćnim radovima Boga, oni su bili jako različiti od generacije svojih roditelja.

Oni su shvaćali zašto generacija njihovih roditelja nije

mogla ići u Kaanan nego ostati u divljini 40 godina. Oni su bili potpuno spremni slušati Boga i njihovog vođu sa pravom vjerom.

Za razliku od svojih roditelja koji su kontinuirano prigovarali čak i nakon iskustva brojnih radova Boga, oni su se zakleli potpuno slušati. Oni su ispovjedili da će oni potpuno slušati Jošuu koji je naslijedio Mojsija prema volji Boga.

> *Upravo onako, kako smo slušali Mojsija, slušat ćemo i tebe. Samo neka Gospod, Bog tvoj, bude s tobom, kao što je bio s Mojsijem! Svaki, koji se protivi zapovijedima tvojim i ne sluša naputke tvoje, što nam ih daješ, neka se kazni smrću! Samo budi srčan i odlučan!* (Jošua 1:17-18).

40 godina u divljini tijekom kojih su Izraelci lutali okolo, nije bilo samo vrijeme kazne. To je bilo vrijeme duhovnog treninga za drugu generaciju Izlaska koja će ući u zemlju Kaanan.

Prije nego nam Bog da blagoslove, On dopušta mnoge različite vrste duhovnog treninga tako da mi možemo imati duhovnu vjeru. Zato što bez duhovne vjere mi ne možemo primiti spasenje i mi ne možemo ući u nebesko kraljevstvo.

Isto tako, ako nam Bog da blagoslove prije nego imamo duhovnu vjeru, vjerojatno većina nas će se vratiti svijetu. Pa, Bog pokazuje veličanstvene radove Svoje moći i nekada nam dopušta vatrena iskušenja tako da naša vjera može rasti.

Prva prepona poslušnosti koju je druga generacija susrela je bila rijeka Jordan. Rijeka Jordan teče između ravnica Moaba i Kaanana i u to vrijeme tok je bio jak i često je poplavila svoja korita.

Ovdje, što je Bog rekao? On je rekao svećenicima da nose Kovčeg zavjeta i neka oni budu prvi koji će zakoračiti u rijeku. Odmah nakon što su ljudi čuli volju Boga kroz Jošuu, oni su krenuli prema rijeci Jordan bez ustručavanja, sa svećenikom na čelu.

Jer su oni vjerovali u sveznajućeg i svemoćnog Boga, oni su mogli poslušati bez sumnji ili prigovora. Kao rezultat, kada su noge svećenika koji su nosili Kovčeg dodirnule rubove rijeke, tok vode je stao o oni su mogli prijeći rijeku kao suhu zemlju.

Isto tako, oni su uništili grad Jerihon za koji je rečeno da je neosvojiva utvrda. Za razliku od danas, kako oni nisu imali moćno oružje, bilo je skoro pa nemoguće uništiti tako snažne zidove, koje su zapravo bila dva sloja zidova.

Čak i sa svom svojom snagom, bilo bi jako težak zadatak uništiti ih. Ali Bog im je rekao da samo hodaju oko grada jednom na dan šest dana i na sedmi dan se ustanu rano i hodaju okolo sedam puta i onda viču sa glasnim glasom.

U situaciji gdje su neprijateljske snage stražarile na zidovima, druga generacija Izlaska je počela hodati oko grada bez ustručavanja.

Bilo je moguće da je njihov neprijatelj mogao ispaliti toliko strijela protiv njih da je bilo moguće izravno ih napasti. Ali usred te opasne situacije oni su poslušali riječ Boga i samo hodali oko grada. Čak su i snažni zidovi morali pasti kada su ljudi Izraela slušali riječ Boga.

Primiti blagoslove kroz poslušnost

Poslušnost može nadići bilo kakve okolnosti. To je prolaz koji donosi nevjerojatnu moć Boga. Iz ljudske perspektive, mi možemo misliti da je nemoguće poslušati određene stvari. Ali u Božjem vidu, nema ništa što mi ne možemo poslušati i Bog je svemoćan.

Da bi pokazao takvu vrstu poslušnosti, baš kao što smo mi pekli janje iznad vatre, mi moramo čuti i razumjeti riječ Boga u potpunosti preko inspiracije Duha Svetog.

Isto tako, baš kao što su ljudi Izraela morali promatrati Pashu i gozbu beskvasnog kruha kroz generacije, mi se uvijek moramo sjećati riječi Boga i držati je na umu. Prvenstveno, mi moramo kontinuirano obrezivati naša srca sa riječi Boga i odbaciti grijehe i zlo sa našom zahvalnosti za milost spasenja.

Samo tada ćemo mi dobiti pravu vjeru i pokazati savršena djela poslušnosti.

Možda postoje stvari koje mi ne možemo poslušati ako mislimo sa teorijama, znanjem ili običnim smislom čovjeka. Ali volja Boga za nas je da slušamo čak i te stvari. Kada mi pokažemo ovakvu vrstu poslušnosti, Bog nam pokazuje velika djela i čudesne blagoslove.

U Bibliji, mnogi su ljudi primili veličanstvene blagoslove kroz svoju poslušnosti. Daniel i Josip su primili blagoslove jer su imali čvrstu vjeru u Boga te su čak i prije svoje smrti oni samo držali riječ Boga. Isto tako kroz život Abraham, Oca vjere, mi možemo razumjeti kako je radostan Bog sa onima koji slušaju.

Blagoslov koji je dan Abrahamu

Idi iz zemlje svoje i od roda svojega i iz doma oca svojega u zemlju, koju ću ti pokazati; jer učinit ću te velikim narodom, i blagoslovit ću te, i uveličat ću ime tvoje; i ti ćeš biti blagoslov (Postanak 12:1-2).

U to vrijeme Abraham je imao sedamdeset i sedam godina, te on zasigurno nije bio mlad. Posebno, nije bilo lako za njega napustiti svoju zemlju i otići od svih svojih rođaka jer on nije imao sina koji će mu biti nasljednik.

Bog mu također nije odredio bilo koje mjesto za ići. Bog mu je samo zapovjedio da ode. Da je ljudska misao korištena, to bi bilo jako teško poslušati. On je morao ostaviti sve što je sakupio tamo i otići na potpuno strano mjesto.

Nije lako napustiti sve i otići na potpuno novo mjesto, čak i ako je zasigurna garancija za budućnost. I koliko ljudi zapravo može ostaviti sve što ima sada, kada njihova budućnost nije tako čista? Ali Abraham je samo poslušao.

Bilo je još jedan slučaj kada je Abrahamova poslušnost sjala još jače. Da bi primio Abrahamovu poslušnost još savršenije, Bog mu je dozvolio test da bi mu dao blagoslov.

Prvenstveno, Bog mu je zapovjedio da prinese svog jedinog sina Izaka. Izak je bio tako prevrijedan sin Abrahamov. On je bio vrijedni nego on sam, ali on je poslušao bez ustručavanja.

Nakon što je Bog pričao sa njim, mi pronalazimo u Postanku 22:3 sljedeći dan, on se ustao rano i pripremio stvari za davanje žrtve Bogu i otišao na mjesto koje mu je Bog rekao.

Ovaj put, bio je veći nivo poslušnosti od onog napuštanja svoje države i kuće svojeg oca. U to vrijeme, on je samo slušao bez da je zapravo znao volju Boga. Ali kada mu je Bog rekao da prinese sina Izaka kao žrtvu paljenicu, on je shvaćao Božje srce i poslušao Njegovu volju. U poslanici Hebrejima 11:17-19 zapisano je kako je on vjerovao da čak i ako prinese svojeg sina kao žrtvu paljenicu, Bog će ga oživjeti, jer je on bio sjeme Božjeg obećanja.

Bog je bio radostan sa ovom Abrahamovom vjerom i On je sam pripremio žrtvu. Nakon što je Abraham prošao svoj test, Bog ga je prozvao Svojim prijateljem i dao mu velike blagoslove.

Čak i danas, voda je rijetka oko Izraela. Bila je još oskudnija u vrijeme Kaanana. Ali gdje god je Abraham išao bilo je obilje vode. Te čak i njegov nećak Lot, koji je ostao s njim je primio velike blagoslove.

Abraham je imao mnogo stoke, mnogo srebra i zlata; on je bio vrlo bogat. Kada je njegov nećak Lot zarobljen, Abraham je poveo 318 ljudi koji su bili odgajani u njegovoj kući i spasio

Lota. Samo videći tu činjenicu, mi možemo vidjeti kako je on bio bogat.

Abraham je slušao riječ Boga. Zemlja i blizina oko njega zajedno je primila blagoslove i oni koji su bili s njim su također primili blagoslove.

Kroz Abrahama, njegov sin Izak je primio blagoslove te njegovi naseljenici kojih je bilo tako mnogo da su osnovali narod. Nadalje, Bog mu je rekao da će ga Bog blagosloviti bilo koga tko ga blagoslovi i On će prokleti svakog tko njega prokle. On je bio tako poštovan da su mu kraljevi i susjede države davale počasti.

Abraham je primio sve vrste pošasti koje osoba može primiti na ovoj zemlji, uključujući bogatstvo, slavu, autoritet, zdravlje i djecu. Baš kao što je zapisano u poglavlju 28 Ponovljenog zakona, on je primio blagoslove kada je ulazio i izlazio.

On je postao izvor blagoslova i otac vjere. Nadalje, on je mogao duboko razumjeti srce Boga i Bog je mogao dijeliti Svoje srce sa njim kao Njegov prijatelj. Kao je to veličanstven blagoslov!

Jer je Bog ljubav, On želi da svatko postane kao Abraham i primi blagoslove i veličanstvenu poziciju. Zato je Bog ostavio detaljan zapis o Abrahamu. Tko god slijedi njegov primjer i sluša riječ Boga može primiti iste blagoslove kada on dođe i kada odlazi kao što je Abraham činio.

Ljubav i pravda Boga koji naš želi blagosloviti

Do sada smo pogledali u Deset pošasti koje su pogodile Egipat i Pashu koja je put spasenja za Izraelce. Kroz ovo mi možemo razumjeti zašto se mi suočavao sa katastrofama, kako ih možemo izbjeći i kako možemo biti spašeni.

Ako patimo od problema ili katastrofa, mi moramo shvatiti da je to izvorno prouzrokovano našim zlom. Onda, mi moramo brzo pogledati u sebe, pokajati se i odbaciti sve oblike zla. Isto tako, kroz Abrahama mi možemo razumjeti kakvu vrstu čudesnog i nezamislivog blagoslova Bog daje onima koji Ga slušaju.

Postoje uzroci svih katastrofa. Prema tome koliko ih mi shvatimo sa srcem, okrenemo se od grijeha i zla i promijenimo se, rezultati će biti jako različiti. Neki ljudi će platiti kaznu zbog svojih pogrešaka, dok će drugi naći tamu ili zlo u svojim srcima kroz patnju i učiniti izbor sa kojim će se promijeniti.

U Ponovljenom zakonu poglavlje 28 mi možemo naći usporedbu blagoslova i kletvi koje padaju na nas u situacijama poslušnosti i neposluha prema riječi Božjoj.

Bog nam želi dati blagoslove, ali On kaže u Ponovljenom zakonu 11:26 *„Eto, iznosim dana pred vas blagoslov i prokletstvo"* izbor je na nama. Ako sijemo grah, grah će niknuti. Isto tako, mi patimo katastrofe koje donosi Sotona kao rezultati naših grijeha. U ovom slučaju, Bog mora dozvoliti katastrofe prema Njegovoj pravdi.

Roditelji žele da njihovoj djeci bude dobro i oni kažu „Uči,"

„Živi pravedan život," „Poštuj prometna pravila," i tako dalje. Sa takvom istom vrstom srca, Bog nam je dao Svoje zapovjedi i On želi da ih mi slušamo. Roditelji ne bi nikad željeli da ih dijete ne sluša i padne na putove nesreće i uništenja. Isto tako, nije nikad volja Boga da mi patimo od problema.

Prema tome, ja se molim u ime Gospoda Isusa Krista da ćete vi svi shvatiti da nije volja Boga za Svoju djecu katastrofa nego blagoslovi i kroz život poslušnosti, vi ćete primiti blagoslove kada uđete i izađete i sve će vam dobro ići.

Autor:
Dr. Jaerock Lee

Dr. Jaerock Lee je rođen u Muan, Jeonnam provinciji Republici Koreji u 1943. Dr. Jaerock Lee rođen je 1943. godine u Muanu u provinciji Jeonnam u Republici Koreji. U svojim dvadesetim godinama sedam je godina patio od niza neizlječivih bolesti te je čekao smrt bez ikakve nade u oporavak. Međutim, jednoga dana u proljeće 1974. godine njegova ga je sestra dovela u crkvu i kada je kleknuo da moli, živi Bog ga je trenutno iscijelio od svih bolesti.

Od tog trenutka, kada se susreo s živim Bogom kroz to predivno iskustvo, Dr. Lee je volio Boga svim svojim srcem te je 1978. godine pozvan da bude Božji sluga. Žarko je molio te proveo mnogo vremena u postu kako bi mogao jasno razumjeti Božju volju, u potpunosti je provesti i biti poslušan Riječi Božjoj. Godine 1982. Osnovao je Manmin Central Church u Seulu u kojoj su se od tada dogodila nebrojena čudesna ozdravljenja te druga čuda i znakovi.

Godine 1986. Dr. Lee je zaređen za pastora Annual Assembly of Jesus Church u Koreji, a četiri godine kasnije, njegove su propovijedi emitirane u Australiji, Rusiji i na Filipinima. Ubrzo je još mnogo zemalja dosegnuto putem Dalekoistočnu radiotelevizijsku kompaniju Azijsku radiotelevizijsku stanicu i Kršćanski radio sustav u Washingtonu.

Godine 1993., tri godine nakon prve prvog emitiranja, Manmin Central Church izabrana je među „50 najuspješnijih crkava na svijetu" prema odabiru časopisa Christian World Magazin (Kršćanski svijet) te je pastoru Leeju Christian Faith College s Floride u SAD-u dodijelio titulu počasnog doktora teologije. Godine 1996. na Kingsway Theological Seminary u Iowi u SAD-u Dr. Lee je primio doktorsku titulu iz područja kršćanskog služenja.

Od 1993. Dr. Lee je vodio evangelizacije u mnogim udaljenim mjestima kao što su: Tanzanija, Argentina, Los Angeles, Baltimore, Hawai, New York, Uganda, Japan, Pakistan, Kenija, Filipini, Honduras, Indija, Rusija, Njemačka, Peru, Demokratska Republika Kongo, Izrael i Estonija.

Poznate i visokotiražne novine u Koreji su ga 2002. prepoznale kao „svjetski priznatog propovjednika probuđenja" zbog njegove silne službe u mnogim zemljama. Posebno je istaknuta njegova evangelizacijska kampanja „New York Crusade 2006" održana u Madison Square Gardenu, jednoj od najpoznatijih svjetskih dvorana. Taj se događaj prenosio uživo u 220 zemalja. A u evangelizacijskoj kampanji „Israel United Crusade 2009" održanoj u Međunarodnom konferencijskom centru u Jeruzalemu hrabro je propovijedao Isusa kao Mesiju i Spasitelja.

Njegove se propovijedi emitiraju u 176 zemalja putem satelita, uključujući GCN TV te je 2009. i 2010. uvršten među deset najuspješnijih kršćanskih vođa prema izboru popularnog ruskog kršćanskog časopisa In Victory (U pobjedi) i novinske agencije Christian Telegraph zahvaljujući moćnom služenju kroz emitiranje propovijedi i pastoralnom služenju u dalekim zemljama.

Od ožujku 2018. crkva Manmin Central Church ima kongregaciju od više od 130.000 članova. Ima 11.000 tuzemnih i inozemnih ogranaka crkve diljem planete, a dosad je više od 102 misionara poslano u 23 zemlje, uključujući i Sjedinjene Američke Države, Rusiju, Njemačku, Kanadu, Japan, Kinu, Francusku, Indiju, Keniju i mnoge druge zemlje.

Do datuma objavljivanja ove knjige Dr. Lee je napisao 110 knjiga, uključujući i bestselere *Kušanje Vječnog Života Prije Smrti, Moj Život, Moja Vjera I i II, Poruka Križa, Mjera Vjere, Raj I i II, Pakao* i *Božja Moć*. Njegova su djela prevedena na više od 76 jezika.

Njegove kršćanske kolumne objavljuju The Hankook Ilbo, The Chosun Ilbo, The JoongAng Daily, The Dong-A Ilbo, The Seoul Shinmun, The Kyunghyang Shinmun, The Korea Economic Daily, The Shisa News, and *The Christian Press.*

Dr. Lee je trenutačno vođa mnogih misionarskih organizacija i udruga, uključujući i funkcije predsjedavajućega u The United Holiness Church of Jesus Christ, stalnog predsjednika u The World Christianity Revival Mission Association, osnivača i predsjednika uprave u Global Christian Network (GCN), osnivača i predsjednika uprave u World Christian Doctors Network (WCDN) i osnivača i predsjednika uprave u Manmin International Seminary (MIS).

Ostale moćne knjige istog autora

Raj I & II

Podrobna skica božanske životne okoline u kojoj uživaju stanovnici raja i prekrasan opis različitih razina nebeskog kraljevstva.

Poruka Križa

Moćna poruka razbuđivanja za sve ljude koji su u duhovnom snu! U ovoj ćete knjizi pronaći razlog zašto je Isus naš jedini Spasitelj i iskrenu Božju ljubav.

Pakao

Ozbiljna poruka cijelom čovječanstvu od Boga, koji ne želi da čak i jedna duša padne u dubine pakla! Otkrit ćete nikada prije objavljeni opis surove stvarnosti Hada i pakla.

Duh, Duša, i Tijelo I & II

Kroz duhovno razumijevanje duha, duše, i tijela, koje su komponente ljudi, čitatelji se mogu zagledati u sebe i dobiti uvid u sam život.

Mjera Vjere

Koja je vrsta boravišta, krune i nagrada pripravljena za tebe u raju? Ova ti knjiga donosi mudrost i vodstvo kako bi izmjerio svoju vjeru i kultivirao najbolju i najzreliju vjeru.

Izraele, Probudi se

Zašto je Bog uperio pogled u Izrael od početka svijeta do današnjega dana? Koja je vrsta Njegove providnosti pripravljena za Izrael posljednjih dana, koji iščekuje Mesiju?

Moj Život, Moja Vjera I & II

Najmirisnija duhovna aroma izvučena kao ekstrakt iz života koji je procvjetao neusporedivom ljubavlju za Boga usred tamnih valova, hladnoga jarma i najdubljeg očaja.

Božja Moć

Obvezno štivo koje služi kao neophodni vodič putem kojega se može zadobiti iskrena vjera i doživjeti čudesna Božja moć.

www.urimbooks.com

www.ingramcontent.com/pod-product-compliance
Lightning Source LLC
LaVergne TN
LVHW092047060526
838201LV00047B/1284